세계 최대 인터넷 기업 알리바바 창업자

마윈 리더십

유한준 지음

청소년 멘토 시리즈

JACK MA

절대 포기하지 마라
Never Give up

머리말

'알리바바'로 중국 최고 갑부가 된 IT 천재 마윈

"성공 신화의 비결은 철저한 믿음과 부단한 노력, 그리고 줄기찬 성장이다! 나의 성공은 중국 인터넷 비즈니스의 미래, 청년 세대에 대한 신뢰가 바탕이다. 젊고 유능하며 패기 넘치는 세대를 믿는 것이야말로 미래를 향한 가장 확실한 자산이다."

중국 IT 산업의 슈퍼 부자 마윈馬雲 회장의 말이다. 그의 재산 총액은 2014년 10월 현재 1,676억 달러(약 175조 원)에 이른다.

1999년 50만 위안(8,500만 원)으로 알리바바를 창업하여 15년 만에 최대 전자상거래 기업을 일군 마윈은 50세 나이에 돈방석에 앉았다.

중국에서 사스가 유행하던 때 많은 사람이 중국의 미래에 대한 자신감을 잃고 있었지만, 마윈은 알리바바를 만들면서 새 바람을 일으켰다. 그는 알리바바를 창업할 때 10년 안으로 전자상거래 시대가 올 것이라고 예고했다. 그것이 현실로 다가온 것이다.

그가 사업을 시작할 때만 해도 전자상거래는 정말 꿈만 같았다. 어느 누가 얼굴도 모르는 생면부지 낯선 사람이 띄워놓은 물건, 그것도 실물을 만져보지 못한 상태에서 물품 대금으로 귀중한 현금을 보낼 것인가? 하는 의구심이 매우 강했다.

더구나 수천 ㎞나 떨어진 먼 곳에서 물건을 사게 될 것이라고는 상상도 하지 못했다. 하지만 그는 이런 의구심을 말끔하게 털어주었다. 오직 신뢰라는 믿음 하나로 세계 IT 산업 정상에 우뚝 섰다.

그는 자신 넘치는 목소리로 외쳤다.

"알리바바가 운영하는 온라인 쇼핑몰 타오바오에서는 하루 수천만 건의 거래가 이뤄진다. 이는 곧 수천만 건의 믿음이 유통되고 있다는 말이다. 알리바바의 성공은 중국 경제의 성공이자 인터넷의 성공이며 중소기업의 성공이다."

유창한 영어 실력이 유일한 밑천인 항저우 출신 기업인 마윈, IT 문외한이자 컴맹인 그에게 지구촌 사람들이 열광하고 있다. 도대체 왜 그럴까?

그는 흔히 말하는 재벌 2세나 이공계 수재도 아니다. 가난한 집 아들로 평범하게 자라 밑바닥부터 시작하여 자력으로 정상에 올랐다. 그는 투철한 집념과 독특한 인생 철학으로 '화성인'이라는 별명까지 얻었다.

지금 마윈의 '알리바바 효과'는 글로벌 시장에서 상상을 초월할 정도로 엄청난 파도를 일으키고 있다. 그는 중국을 넘어 세계적인 인물이 되었다. 지구촌에서 그의 이름을 모르는 사람이 거의 없을 만큼 유명하다.

그의 성공 신화에 세계의 기업가들이 감동하면서 꼭 만나고 싶어 하고, 세계의 CEO들이 마윈의 경영 철학 이야기를 꼭 듣고 싶어 한다.

"꿈이 없는 사람에게는 어떤 기회도 오지 않는다! 사업을 하기 전에 먼저 인간다운 사람이 되라!"라고 강조하는 마윈, 그의 성공 비결은 무엇일까?

장차 대한민국의 주인공이 될 청소년들이 세계적인 IT 산업의 천재인 마윈의 인생과 성공 신화를 보면서 미래의 꿈을 키워가기 바란다.

유한준

Jack Ma

목차 CONTENTS

Jack Ma

II 생각의 날개

Ⅲ 변화의 물결

Jack Ma

IV 생각 키우기

V 확실한 믿음

Jack Ma

Ⅵ 강인한 승부욕

마윈 馬雲, Jack Ma

출생 : 1964년 9월 10일 (중국)

거주지 : 저장 성, 항저우 시

학력 : 항저우 사범대학

웹사이트 : www.alibaba.com & www.taobao.com

알리바바닷컴 & 타오바오닷컴

본사 : 중화인민공화국 항저우 시

세계 최대 인터넷 기업 알리바바 창업자

마윈 리더십

Jack Ma

01

꿈을 키우는 사람

사람다운 사람이 되어라

세상에 비슷한 사람은 있어도 똑같은 사람은 없다. 쌍둥이도 그 생김과 성격이 조금은 다르다. 사람은 얼굴로 됨됨이를 평가하는 경우가 많다.

흔히 잘생긴 사람에게 마음이 끌리는 것이 세상사이다. 이왕이면 잘생긴 사람과 친구가 되고 싶어 한다.

중국이 낳은 세계적 IT 슈퍼스타 마윈馬雲은 무려 열 번이나 입학원서를 내고도 거절당하는 바람에 미국 하버드대학교에 들어가지 못했다.

그토록 간절히 다니고 싶어 했지만 하버드에서 끝내 받아주지 않아 세계적인 명문대학교에서 공부하고 싶은 소망을 이루지 못하면서 그 쓴맛을 본 것이다.

그런 쓰라린 경험을 가진 마 윈이 IT 산업으로 성공한 뒤 하 버드로부터 초청을 받았으니 말로는 표현할 수 없는 감회를 느꼈다.

마 윈은 하버드대학교의 수 많은 천재 학생들과 교수들에 게 강연하는 특별 연단에 올라서서 이렇게 연설을 시작했다.

"씩씩하게 생긴 남자, 외모가 아름다운 여자가 인기를 끄는 것 은 너무나 당연합니다. 그러나 사람을 외모로 평가하는 것이 전부 는 아닙니다. 외모도 멋져야 하지만, 그 마음이 곱고 아름다워야 합니다. 뜻을 세우기 전에 먼저 사람다운 사람이 되십시오."

남자로서는 162cm의 작은 키에다가 볼품없는 외모, 중국 상하 이 남쪽 항구 도시 항저우에서 가난한 부부의 아들로 1964년에 태 어난 마 윈은 항저우 사범대학교 영어과를 나온 뒤에 미국 유학을 꿈꾸며 세계적인 명문 하버드대학교의 문을 두드렸다.

"이 정도의 실력으로는 하버드 학생이 될 수 없다!"

중국에서 두 번이나 대학 입시에 실패한 뒤 세 번째 도전에서 지방 대학에 들어간 그를 세계적인 명문대학인 하버드대학교에서 받아줄 턱이 없다. 유학의 꿈을 접은 그는 중국의 유명 기업에 입사 원서를 제출했다. 서른 번 넘게 이력서를 냈지만 모두 떨어졌다.

그런 마윈이 온라인 쇼핑몰을 어렵게 창업하였다. 하지만 개업 3주 동안 아무도 눈여겨보지 않았다. 그랬던 마윈이 전 세계 최대 전자상거래 기업 알리바바 닷컴으로 2013년 기준 중국 국내총생산GDP의 약 3.5%에 달하는 250조 원의 경이적인 매출을 기록한 것이다. 마윈은 가난을 이기고 자수성가한 중국 최고의 슈퍼 갑부 기업인이다.

"성공의 비결을 들려 달라는 대학교 교수와 학생들, 그리고 일반 사회 각층의 사람들이 많다. 하지만 특별한 비결이 따로 있는 건 아니다. 몇 가지 성공 비결을 꼽는다면 나는 돈이 없었기에 한 푼의 돈도 무척 귀하게 생각했고, IT 기술을 몰랐기에 이 분야의 최고 인재들을 채용해 그들의 의견에 귀를 기울였고, 나처럼 평범한 보통 사람도 이해할 수 있도록 사이트를 만들었으며, 뚜렷한 계획을 세우지 않았기에 세상 변화에 잘 따라갔다는 것이다. 다시 말하자면 철저한 계획을 세워 놓고 그대로 밀고 나가기보다는 정해 놓은 계획도 끊임없이 변화하는 시대에 맞춰 새롭게 고쳐 가는 것이 가장 좋은 비결이다."

그의 성공 비결, 경영 철학은 특별한 것이 아니라 아주 평범하고도 단순하다. 그래서 IT 업계에서는 마윈을 닮아 보라는 말이 유행한다. 그를 만나서 그의 생각을 듣고 싶어 하는 지구촌 기업 총수들이 많다.

더구나 열악한 창업 환경과 경영의 조건을 탓하면서 고민하는 예비 창업자들도 마윈의 성공 신화에 귀를 기울이고 있는 것이다.

마윈은 항상 돈을 벌고 갑부가 되기 전에 사람다운 사람이 되고, 성공하면 할수록 더 겸손하고 정직하며 예의 바른 사람이 되라고 입버릇처럼 말한다. 사람다운 사람이 되지 않으면 아무리 갑부가 되어도 존경을 받지 못한다는 것이 그의 생각이다.

중국 속담에 "꽃은 반쯤 피었을 때 아름답다."라는 말이 있다. 지금 막 피기 시작하여 반쯤 피었을 때가 활짝 피었을 때보다 더 보기 좋고 아름답다는 말이다. 활짝 핀 꽃은 그 아름다움이 수그러들고 그 향기로운 이미지가 서서히 식기 때문이다.

사람도 그와 마찬가지이다. 한참 피어나는 사춘기가 더 아름답고 귀여운 것이다. 그래서 많은 어른이 청소년들에게 관심을 가지고 사랑과 정성을 기울인다.

욕망이 없는 사람은 아무도 없다. 남보다 맛있는 음식을 먹고 싶고 남보다 좋은 옷을 입고 멋진 운동화를 신고 싶으며 공부도 잘하고 싶다. 그런 욕망이 과연 얼마나 이루어질까?

그런데 그런 욕망이 자기 자신을 옥죄는 것임을 모른다. 그렇다고 해서 그런 초보적인 욕망마저 갖지 않고 포기한다는 것은 어리석다. 욕망을 이루어 보겠다는 의지를 가져야 한다. 그럼 그 욕망의 꿈이 이루어질 수도 있으니까.

그렇다고 그 욕망에 너무 끌려가다가는 엉뚱한 유혹으로 빠질 수도 있다. 유혹의 손길은 욕망이 강한 사람에게 쉽게 다가서는 마력이 있기 때문이다. 유혹에 빠지면 빠질수록 점점 더 깊게 빠져들기 때문에 빠진 뒤에는 다시 헤어나기가 어려워진다. 유혹에서 벗어나고 헤어난다 해도 상당한 대가를 치르는 경우가 반드시 생긴다.

마윈은 알리바바를 'BABA'라는 이름으로 뉴욕 증권거래소에 처음 내놓고 엄청난 떼돈을 거머쥐었다. 그러나 그 돈이 그냥 굴러들어온 것은 결코 아니다. 알리바바를 건전하고 착실하게 운영해온 경영 철학을 믿고 개미 투자자들이 달려든 결과였다. 마윈은 미국에서 처음 기업 공개를 시도하면서 이런 생각을 하였다.

"총 응모액이 400억 달러만 되어도 성공일 텐데……."

그런 계산은 홍콩에서 기업 공개를 했을 때 360억 달러가 모였고, 그 뒤 싱가포르에서는 600억 달러가 모였던 경험을 바탕으로 한 것이다. 그런데 뉴욕에서는 예상했던 목표액을 훨씬 뛰어넘었다. 목표액의 4.5배나 되는 1,800억 달러가 봇물 터지듯 밀려들어왔다.

이는 구글의 3,986억 달러, 페이스북의 2,000억 달러에 이어 인터넷 기업 중 세 번째 규모였으니, 그야말로 일확천금 一攫千金의 노다지 횡재를 한 셈이다. 미국 최대 전자상거래 기업인 아마존의 1,502억 달러보다 더 많은 돈을 거머쥔 것이다. 이를 바탕으로 중국 시장을 넘어 미국과 유럽 등 세계 시장 진출을 향해 닻을 힘차게 올렸다.

국내총생산GDP와 국민총생산GNP

국내총생산GDP은 한 국가의 국민총생산에서 국외로부터의 순소득을 뺀 부분을 말한다. 한 나라의 순수한 국내 경제활동의 지표로 삼고 있다. 이는 국경 안에서만 이루어지는 생산을 뜻한다.

국민총생산GNP은 한 나라의 국민 및 그들이 가지고 있는 재산으로부터 나오는 총생산을 가리킨다. 따라서 생산이 반드시 나라 안에서만 이루어져야 한다는 뜻은 아니다.

글로벌 기업의 꿈

자신감을 가진 마윈은 외쳤다.

"우리는 뉴욕에 이어 캘리포니아와 워싱턴 DC 등에서 사업을 전개할 것이다. 앞으로 누구든 뜻만 맞으면 함께 일할 생각이다."

마윈 회장의 야망은 꿈이 아니라 현실로 다가왔다. 이제 그의 비전은 글로벌 기업이 꿈이다. 미국에서 기업 공개를 단행하여 대성공을 거두고 미국을 넘어 유럽으로 그 무대를 확장하는 의지를 보여준 것이다.

뉴욕 증시에 알리바바가 정식 상장되어 화려하게 데뷔하자 세계 금융계는 물론 IT 산업계의 관심은 온통 마윈 회장에게 쏠렸다.

마윈은 경영의 원칙으로 최소한의 조건을 내걸었다.

첫째, 이용하기 편리할 것

둘째, 이용료가 저렴할 것

셋째, 결제 조건이 간단할 것

이 세 가지가 알리바바 성공 비결의 대원칙이다. 아주 간단하면서도 편리하고 안전한 결제 시스템인 알리페이와 저렴한 수수료를 내세운 것이다.

알리바바의 전용 전자 결제 시스템인 알리페이는 액티브엑스나 공인인증서가 필요 없다.

회원 가입이나 로그인 없이 결제를 끝낼 수 있는 편리함이 가장 매력이다. 더구나 알리바바 그룹의 전자상거래 사이트들은 수수료가 무척 저렴하거나 아예 없어 거래자들이 수수료의 부담을 거의 느끼지 않았다.

이런 조건은 획기적인 반응을 일으키면서 알리바바가 승승장구하는데 커다란 장점으로 떠올랐다.

마윈은 세계 최대의 인터넷 전자상거래 기업인 알리바바가 뉴욕 증시에서 화려한 데뷔와 함께 상상 밖의 성공을 거두면서 지금 세계 IT 산업 영토 확장 사업에 횃불을 높이 들었다.

그는 이미 여러 기업들을 인수 또는 합병하면서 힘을 키워왔다. 온라인 중국의 동영상 사이트 요쿠 투도우 지분과 중국 프로 축구팀 에버그란데의 지분 50%를 사들였다. 그뿐만이 아니다. 싱가포르, 호주 우체국 등과 제휴 및 인수를 통해 해당 국가에도 알리바바가 진출하는 발판을 구축했다.

더구나 그는 재일교포 한국인의 아들 손정의孫正義(일본 명 : 손 마사요시) 소프트뱅크 회장과 손잡으면서 글로벌 기업의 꿈에 날개를 달았다. 손 회장이 알리바바 지분 34.4%를 소유하면서 최대 주주로 등장, 세계 최대의 전자상거래 업체로 성장하는 데 결정적 기여를 한 때문이다.

마윈은 이미 박근혜 대통령을 예방하고, 최경환 경제부총리와 면담하면서 한국 시장 진출을 위한 사전 준비를 마쳤다. 그래서 한국 진출의 발판도 이미 마련한 상태여서 마음만 먹으면 언제든지 한국에 들어와 IT 산업 시장을 흔들어댈 것이다. 한국 온라인 유통업 관계자는 마윈이 한국법인을 만들거나 국내 기업을 인수하면 단박에 판도가 바뀔 판이라고 예고했다.

중국 슈퍼 부자들의 총 재산은 1조 4,000억 달러에 달하는데, 이는 한국의 2013년도 국내총생산 1조 1,975억 달러보다 많은 금액이다.

마윈 외에도 중국 부자 순위에서 IT 기업가의 약진이 두드러졌다. 전자상거래 업체 징둥상청 창업자 류창둥 회장이 9위, 스마트 폰 업체 샤오미의 창업자 레이쥔이 10위에 각각 올랐다.

알리바바는 상장가 대비 주가가 38% 올라 시가 총액 2,314억 달러(약 241조원)를 기록했다. 삼성전자의 1,706억 달러와 페이스북의 2,016억 달러보다 많다.

인터넷 기업 중에서는 구글의 4,061억 달러의 뒤를 이어 세계 2위다. 미국 1·2위 전자상거래 업체인 아마존(1,531억 달러)과 이베이(650억 달러)를 합친 것보다도 많다.

알리바바는 2007년 이후 7년간 중국 전자상거래 전체 시장점유율의 80%를 계속 지키고 있다. 2007년에 중국 전자상거래 시장점유율 80%라는 기록을 세운 뒤에 단 한 번도 1위 자리를 내준 적이 없을 정도로 독보적인 지배력을 자랑하고 있다.

더욱 놀라운 것은, 미국 블룸버그의 조사에 참여한 전문 분석가 다섯 명이 알리바바의 뉴욕 증권거래소 상장 예상 자금 조달 규모를 최소 200억 달러(약 20조 4,000억 원)로 예측하고 기업 공개 역사상 최고치를 경신할 것이라고 했는데, 그 예상치를 무려 8배나 뛰어넘은 것이었다.

그뿐만이 아니다. 그가 세운 또 다른 기업 타오바오닷컴은 날마다 10억 개 이상의 물건이 거래될 정도로 엄청난 성공을 거두고

있으며, 알라바바와 타오바오의 전자 결제 시스템인 알리페이는
지난해 기준 사용자 수가 무려 8억 명을 넘어설 정도로 상상을 초
월하는 시장점유율을 자랑하며 막강한 영향력을 행사하는 기업
으로 떠올랐다.

IT와 IT 산업

IT는 정보기술情報技術 Information Technology을 말한다. 정보화 시스
템 구축에 필요한 유형 · 무형의 모든 기술과 수단을 아우르는 정
보통신 용어이다. 정보 기술은 컴퓨터·소프트웨어·인터넷·멀티미
디어·경영 혁신·행정 쇄신 등 정보화 수단에 필요한 유형·무형 기
술을 총칭하는 것으로, 간접적인 가치 창출에 무게를 두는 새로운
개념의 기술이다.

업무용 데이터, 음성 대화, 사진, 동영상, 멀티미디어는 물론 아
직 출현하지 않은 형태의 매체까지 포함하며, 정보를 개발·저장·
교환하는 데 필요한 모든 형태의 기술까지도 망라한다.

정보통신 산업이 급속도로 발전하면서 '정보 혁명'을 주도하는 기술이 나타나면서 정보 기술이라는 말이 생겼다. 경제 효과에 관한 논란을 일으켰으나 비약적인 생산 효과를 거둠으로써 전 세계적으로 이 정보 기술 개발에 관심이 쏠리고 있다.

IT 산업은 정보 기술을 응용한 산업을 일컫는 용어이다. 국내에서 실제적인 IT 용어를 대중화한 때는 1997년 하반기부터라고 보고 있다. 1998년부터 벤처 열풍이 불고 2001년 상반기에 벤처가 무너져가는 시점에 대외적으로 대기업의 외국 비즈니스 파트너로부터 한국이 IT 강국이라는 명성을 얻게 되었다.

03 꿈도 기회를 준다

마윈은 사범대학교 영어과를 졸업한 뒤 취직이 안 되어 방황하다가 전자공업대학교 영어 강사로 일자리를 얻었다. 그러나 그는 이때 인터넷 사업을 구상하고 있었다.

마윈은 생각했다. 사람은 누구나 어렸을 때는 크든 작든 꿈을 가진다. 어린이나 청소년들이 지니는 꿈은 하늘이 내려주는 선물이다. 누구나 하늘로부터 선물을 받지만 모두가 그것을 잘 가꿔 꽃을 피우고 열매를 맺는 것은 결코 아니다.

많은 청소년이 꿈을 지니고 그 꿈을 실현하기 위해 좇아가다가 냉혹한 현실에 부딪혀 좌절하는 경험을 하게 된다. 현실 사회 속에서 수많은 청소년이 꿈을 펼치려다가 세상 파도에 밀려 물러서고, 마치 모래알처럼 파도에 휩쓸려 버리는 일이 너무나 많다.

인생살이는 사람에 따라 짧기도 하고 또 길기도 하다. 문제는 어떻게 사느냐 하는 것이다. 마찬가지로 꿈을 행동으로 옮기기 두려워 꿈에게 기회를 주지 않는다면 그 꿈은 결코 활짝 피어날 수 없게 된다.

마윈이 처음으로 인터넷을 접한 것은 1995년이었다. 그때 그는 인터넷이 인류를 변화시키고 지구촌 사람들의 생활 구석구석을 바꿔 놓을 것이라고 생각했다.

그러나 인터넷이 어떻게 인류에게 영향을 줄 것인가 하는 문제를 구체적으로 표현하기는 어려웠다. 다만, 한 가지 사실, 인터넷이야말로 진정으로 하고 싶은 사업이라는 것만은 확신하였다.

인터넷 사업을 처음 시작하려고 할 때 그는 이렇게 말했다.

"영어 강사를 그만 두고 인터넷 사업을 하겠다고 했더니, 주위에서는 하나같이 반대했다. 하지만 나는 나의 꿈을 실현하겠다는 결심을 꺾지 않았다.

젊은 학생들이 저녁에는 이런저런 생각들을 하다가도 아침이 되면 원래 가던 길로 들어서는 것을 너무 자주 보았다. 저녁에는 내일은 다른 일을 해야지 하다가도 다음 날 아침이면 어김없이 어제 일을 반복하는 것을 보며 참 많은 생각을 했다. 생각을 행동으로 실행하지 않는다면, 꿈이 현실이 될 기회를 잃어버리는 것과 마찬가지다. 그렇게 반복해서는 아무리 좋은 꿈이라 해도 그것이 현실로 돌아올 기회마저도 잃는다. 그래서 나는 인터넷 창업의 길로 들어서는 것을 결단했다."

마윈은 그때 "눈 먼 호랑이 등에 올라탄 맹인 같았다."라고 말했다.

그가 미국 시애틀에서 중국으로 돌아오자마자 회사를 세울 준비를 하기 시작할 때였다. 그는 먼저 열 명의 친구들을 집으로 불렀다. 대부분 그가 대학교에서 교편을 잡고 있을 때 알게 된 학생들이다. 모인 사람들 가운데는 여든두 살의 할머니도 있었다.

"내가 인터넷이라는 걸 한 번 해보려는데 말이에요. 인터넷이라는 것이……."

마윈은 이들을 앉혀 놓고 인터넷의 장점에 대해 설명하기 시작했다.

하지만 마윈도 인터넷의 기술적 측면에 대해서는 아는 것이 별로 없는 까막눈 먹통이었다. 제대로 알지 못하는 사람이 더듬더듬 설명을 하니 듣는 사람들은 무슨 말을 하는 건지 알아들을 수가 없었다.

"도대체 무슨 소리여? 도깨비 잡는 게임 같은지라 이해할 수가 없어요."

마윈의 설명을 들은 친구들은 하나같이 어이가 없다는 표정이었다.

"그 좋은 영어 강사 자리를 그만두고 이런 걸 하겠다고? 뭘 잘못 생각한 게야."

"암! 그렇고말고……."

"얼마 못 가 틀림없이 망할 거니 꿈도 꾸지 마라!"

그때 열 명 가운데 아홉 명이 마윈의 계획에 반대 의사를 밝혔다. 호프집이나 술집, 요식업 같은 것이라면 모를까, 인터넷인가 뭔가 하면서 마우스 꼬리를 흔들어대는 일은 안 된다는 의견이 대부분이었다.

모두가 반대를 하는데 반대 의사를 밝히지 않은 사람은 딱 한 명뿐이었다. 그도 완전 찬성은 아니었다.

"정말 하고 싶다면 한 번 도전해 보는 것도 나쁘지 않을 것 같아. 일을 하다가 아니다 싶으면 바로 손을 뗀다는 각오로 하면 되지 않을까?"

시애틀에서 돌아오는 비행기 안에서 몇 번이나 마음을 다잡으며 굳게 결심한 일인데, 믿었던 친구들이 거의 다 반대를 하다니 정말 이해할 수가 없었다. 그러나 좌절할 생각은 없고, 꿈을 접을 수도 없었다.

그날은 그렇게 끝났다. 그는 밤새 고민하고 다음 날 아침을 맞았다. 밤새 고민하던 마윈은 마침내 결정을 내리고 회사를 차릴 준비를 서둘렀다.

"모두가 반대하지만 나는 분명코 해낼 것이다!"

그렇게 마음을 굳힌 마윈은 인터넷 회사를 차리고 사람들을 찾아다니며 인터넷의 상업적 가치에 대해 열변을 토하고 협조를 구하면서 회사의 데이터를 인터넷 공간에 올려줄 것을 설득했다.

"마윈이 머리가 돈 것 아냐?"

"미국 갔다 오더니 인터넷 병이 단단히 걸려 돌아왔군!"

친구들은 마윈이 머리가 돌았다고 보았다. 그러나 그는 흔들리지 않았다. 그렇게 낯설기만 하던 인터넷을 중국에 소개하며 발빠른 행보를 거듭해 나아갔다.

사업적 목표가 뚜렷하고 생각이 분명하다고 해서 하루아침에 사업가가 되는 것은 아니다. 그런 사람이 되고 싶다고 해서 없던 경영 철학이 서고 주관이 생기지도 않는다. 내가 지금 무엇을 하고 있는지, 하고 있는 일이 옳고 정당하며 또 그 결과는 어떻게 될지 내다보고 판단할 줄 알아야 한다.

자기의 주관이 분명한 사람은 남들과 똑같은 일을 결코 하지 않는다. 남이 한다고 해서 따라하지도 않고 언제나 스스로 판단한다.

마윈은 말했다.

"누군가가 던진 말 한마디에 마음이 흔들려서는 기업을 할 수 없다. 어느 순간 갑자기 떠오른 생각만으로 창업을 해서는 더더욱 안 된다."

그러나 '좋은 약은 입에 쓰고 올바른 충고는 귀에 거슬린다'는 속담처럼 남의 충고는 귀담아 들어야 한다고 생각했다. 자기의 생각과 판단이 충분한 고민을 거쳐 옳다는 확신이 섰다면 묵묵히 밀고 나아가는 뚝심이 필요하다.

남들이 비웃거나 고개를 저어도 신경 쓰지 말고 추진하는 박력을 지녀야 목표를 이룰 수 있다고 스스로에게 굳게 다짐하였다.

"아무리 좋은 꿈이라 해도 기회를 주지 않는다면 그 꿈을 이룰 수 없고, 또 꿈을 잡는다 해도 성공으로 이어지기 어렵다. 꿈은 하나의 기회이다."

마윈은 항상 자신감에 넘쳐 있다. 그의 말은 결코 과장이 아니다. 창업할 때 정말로 돈이 없어서 자신과 직원들의 호주머니를 털어 겨우 초기 자금을 마련하였다.

더 큰 문제는 그 자신이 인터넷과 컴퓨터에 대해 잘 알지 못했다. 실제로 그의 컴퓨터 수준은 겨우 이메일이나 주고받을 수 있는 정도의 낮은 수준이었다.

다른 CEO들처럼 치밀하게 계획을 세우거나 실행에 옮기는 저돌적이고도 박력 있는 스타일도 아니었다. 그러나 남들과 다른 뚝심이 하나 있다. 그는 결코 자신 없는 사업에는 손을 대지 않는다는 점이다.

"내가 할 수 있는 일을 할 때 성공할 수 있다. 따라서 남이 권하는 일이 아니라 내가 해야 하는 일을 찾아 하는 것이 중요하다."

인터넷

전 세계의 컴퓨터가 서로 연결되어 TCP/IP Transmission Control Protocol/Internet Protocol라는 통신 프로토콜을 이용해 정보를 주고받는 컴퓨터 네트워크를 말한다.

인터넷이란 이름은 1973년 TCP/IP의 기본 아이디어를 생각해 낸 빈튼 서프와 밥 간이 '네트워크의 네트워크'를 지향하며 모든 컴퓨터를 하나의 통신망 안에 연결Inter Network하면서 이를 줄여 인터넷Internet이라고 이름 지은 것이 그 시초이다.

그 뒤 '정보의 바다'로 부르면서 전 세계의 컴퓨터가 서로 연결되어 TCP/IP를 이용해 정보를 주고받는 것으로 발전되어 오늘에 이르고 있다.

인터넷은 표준 인터넷 프로토콜 집합TCP/IP을 사용해 전 세계 수십억 명의 사용자들에게 제공되는 지구 전체의 컴퓨터 네크워크 시스템이다.

인터넷은 개인, 학교, 기업, 정부 네트워크 등을 한정적 지역에서 전체 영역으로 유선, 무선, 광케이블 기술 등을 통해 연결하여 구성한 네트워크들의 네트워크이다.

인터넷은 하이퍼텍스트 마크업 언어HTML나 전자우편을 지원하

| 거대한 인터넷 정보

는 기반 기술 등을 통해 광대한 범위의 정보 자원과 서비스들을 운

반한다.

　신문이나 도서 등의 출판물들도 웹사이트 기술에 맞춰 새롭게

구현되었는데, 블로그나 RSS 등과 같은 형태로 독자들에게 서비

스되었다. 인터넷에 의해 사람들의 소통 방식도 인스턴스 메시지,

인터넷 포럼, SNS 등으로 진화해 나갔다. 아웃렛이나 소규모 상인,

도매상의 영역에서도 온라인 쇼핑몰이 거대한 변화를 가져왔다.

인터넷을 통한 기업 간 거래와 금융 서비스 등에 의해 전체 유통 체

계도 영향을 받게 되었다.

번역 회사에서 겪은 경험

마윈은 사범대학에서 배운 영어를 바탕으로 전자공업대학교 영어 강사를 하다가 그만두고 하이보 번역 회사를 차렸다. 처음에는 무척 고생했지만 번듯하게 키워냈다.

마윈의 영어 실력은 자타가 인정할 만큼 뛰어났다. 그래서 영어로 하는 일이라면 모두 자신 있다고 스스로 생각했다. 그러나 그건 우물 안 개구리 같은 생각이었고 지나친 자만이었다. 그때만 해도 항저우에서는 자기가 영어를 제일 잘하는 사람이었다고 착각하고 있었다.

그는 학생 시절부터 지나가는 미국인을 보면 붙잡고 말을 걸었다. 알든 모르든 말을 하고, 되지도 않는 질문을 하곤 하였다. 그렇게 하면서 말문을 열고 귀를 열었다.

그러나 번역 회사는 영어만 잘한다고 되는 것이 아니었다. 뜻대로 생각했던 대로 굴러가지 못했다. 번역 회사를 차렸다가 고생한 경험을 가슴에 안고 살아갔다. 가장 큰 실수는 자신이 과신하고 장담하다가 만들어낸 결과일 뿐이다.

그런데도 사람들은 자신이 만들어낸 실패의 세계 속에 스스로를 가둬 놓는 것이다. 더구나 자신이 저지른 과욕과 부족한 점에 대해서는 전혀 알지 못하면서 허송세월을 보내며 남을 탓한다.

마윈은 비유를 잘하기로 유명하다. 비유는 비슷한 둘 이상의 사물을 설명할 때 공통점과 다른 점을 예를 들어 설명하는 화법이다. 추상적 개념과 수치도 이해하기 쉽게 바꾸어 설명하는 솜씨가 남다르다.

그래서 그의 연설은 어려운 주제도 눈에 보일 듯 시각적으로 그려내는 재주가 있다는 평을 받았다. 마윈은 알리바바와 타오바오, 알리페이의 관계를 다음과 같이 설명했다.

"알리바바의 집에서는 3남매가 즐겁게 지내고 있죠. 큰형 알리바바는 배운 것 없는 촌놈이죠. 고생해서 돈을 벌어 가족들을 먹여 살리고 동생들의 교육비까지 대어 줍니다.

둘째 딸 타오바오는 성격이 쾌활하고 밝아요. 오빠가 준 용돈으로 꽃무늬 치마도 사고 빨간 댕기도 사서 매면서 한껏 모양을 내는데, 이제 고등학교를 졸업했고 푸단대학교에 진학할 예정이죠.

막내 알리페이는 이제 막 초등학교에 들어갔지만 남매들 중 가장 포부가 커서 자라면 가족들을 책임지게 될 것이 분명합니다. 형은 어떻게 해서든 막내를 세계적인 하버드대학교에 보내기로 결심했죠. 지구촌에서 가장 앞선 생각을 가진 젊은이들이 모여 있는 곳이 바로 그곳이니까요."

그는 알리바바의 집 관리자의 역할에 대해서 설명할 때에도 비유 화법을 곧잘 쓴다.

"모든 사람이 어떻게 하면 각자 자기 재능을 온전히 발휘할 수 있을까? 이것은 마치 수레를 끄는 일과 같아요. 한 사람은 이쪽으로 끌고 또 한 사람은 저쪽으로 끌면 수레는 앞으로 나아갈 수도 없고 전체는 엉망이 되죠. 50명이 있는 한 집단에서 똑똑한 사람이 한 명 있으면 좋지만, 50명 모두가 다 스스로를 똑똑하다고 여긴다면 정말 골치 아파요. 서로 지지 않으려고 하니까요.

회사에서 저는 시멘트 같은 역할을 합니다. 수많은 인재를 한데 붙여서 그들의 힘이 한 방향으로 모이도록 하는 역할이지요."

기업에서 새로운 인재를 영입할 때에도 마찬가지다. 알리바바는 한때 500대 기업 출신의 관리직 인재들을 영입했지만, 이들은 알리바바에 좀처럼 적응하지 못했다.

"비행기 엔진을 트랙터에 끼운다고 트랙터가 비행기처럼 날아갈 수 없죠. 우리도 처음에는 그런 실수를 저질렀답니다. 전문 경영인들이라 확실히 관리하는 수준이 높았지만 우리와는 맞지 않았던 거죠."

이처럼 적절한 비유를 곧잘 인용한다. 그의 비유 화법은 듣는 사람으로 하여금 쉽게 상황을 이해하게 하고 관심도 끌 수 있을 뿐만 아니라, 전달하고자 하는 내용을 보다 간단명료하게 전달할 수 있는 효과가 있다.

어느 연설에서 마윈의 비유 화법을 흉내 냈던 사람이 있다.

"남자는 엄지손가락과 같고, 여자는 새끼손가락과 같습니다."

그의 연설이 나오자마자 여성들이 강하게 항의하면서, 조용하던 회관이 시끄러워졌다.

"사과하라! 여성 폄하다!"

"그걸 연설이라고 하나!"

그러자 그 연사는 재치 있게 비유 화법을 폈다.

"여성 여러분! 사과하는 건 어렵지 않습니다. 자! 보세요. 엄지손가락은 뭉툭하고 굵고 못생겼지만 힘이 강하죠. 새끼손가락은 가늘고 예쁘고 귀엽습니다. 숙녀 여러분! 혹시 역할을 바꾸고 싶은 분 안 계십니까?"

그 말에 여성들은 봄눈 녹듯 마음이 풀리면서 미소를 보였다.
결코, 남녀의 역할을 바꾸고 싶지 않다는 표정들이었다.

교만하지 말고 솔직하라

"사람은 거짓이 없고 솔직해야 한다. 아는 것을 너무 자랑하지 말고 모르는 것을 결코 부끄러워하지 마라."

마윈은 공자의 이 말을 늘 가슴에 품고 다닌다.

어떤 네티즌이 마윈에게 질문하였다.

"알리바바는 많은 사람으로부터 인정을 받아 너무 유명해졌다. 하지만 해결해야만 할 과제가 있을 것이다. 그게 무엇인가?"

"알리바바는 문제가 많다. 날마다 문제가 불거지고 날마다 해결하지만, 새로운 문제들이 끝없이 쏟아진다.

좋거나 싫거나 해결하고 넘어갈 수밖에 없지만, 무엇이 가장 골치 아픈 문제인지 잘 모르는 경우가 많다. 어쩔 수 없는 일상이다. 확실한 점은 고객을 더 잘 이해하고 고객을 더 편하게 하며 보다 좋은 서비스를 제공한다는 것이 우리의 노력이다.”

그런 마윈을 네티즌들은 솔직하고 정직한 사람이라고 평가한다.

어느 날 CEO 초청 강연회에서 있었던 일이다.

그에게 한 여성이 “당신의 매력은 무엇이라고 생각합니까?”라고 질문하였다. 마윈이 말했다.

“정말 훌륭한 여성이시네요. 지금까지 내가 만난 여성 가운데 박사, 과학자도 많았지만, 정말 처음으로 만난 대단한 여성입니다. 제가 질문에 대답하기 전에 먼저 질문을 하고 싶은데, 어떤 질문을 해야 할지 모르겠네요?”

방청석에서 폭소와 함께 박수가 쏟아졌다.

세상에 완벽한 사람도 없고 절대적인 인간도 없다. 이 세상에는 생각하지도 못한 사건들이 불쑥불쑥 터져 나온다. 그에 대해 즉시 처리할 수 있는 사람도 없고 바로 예방 조치를 내릴 위인도 없다. 그만큼 세상일은 복잡하고 까다롭다.

많은 것을 잘 안다고 말하는 사람은 신임성이 떨어지고 인기도 내려간다. 그러나 거침없이 ‘그건 잘 모르겠는데’라고 말하는 사람은 솔직함이 있어 진실한 느낌을 받게 된다.

그러나 대부분의 사람은 어떤 일에 대하여 잘 모르겠다고 말하기를 무척 부끄럽게 여긴다. 바로 인격에 관계된다고 생각해 창피

함을 느끼는 것이다.

지식이 많고 똑똑한 사람일수록 잘난 체 안 하고 아는 척하지 않는다. 잘난 척하는 사람은 항상 고개를 숙이지 않는데, 학식이 많은 사람은 늘 고개를 숙인다. 곡식도 마찬가지다. 잘 익은 벼일수록 고개를 숙이지만 속이 텅 빈 벼 이삭은 고개를 빳빳하게 치켜들고 있다.

마윈은 가끔 자기를 영웅처럼 떠받드는 청년들을 만난다. 그럴 때마다 강조하는 말이 있다.

"여러분과 나는 결코 다르지 않다는 것을 알아주기 바란다. 우리는 모두 똑같다. 다만, 나는 여러분보다 조금 먼저 태어났을 뿐이다. 주변에 있는 좋은 사람들, 능력 있는 친구들을 만나서 열심히 일한 덕택에 성공했다.

여러분도 마윈처럼 생각하고, 마윈처럼 일해 보겠다고 생각한다면 반드시 해낼 수 있다. 내가 남보다 뛰어나서 성공한 것은 절대 아니다."

좋은 때를 맞았다고 흥분해서 지나치게 즐거워하면 반드시 어려움을 맞게 된다. 한창 잘 나가서 이름을 떨칠 때는 당당함보다는 겸손함을 지키고 현명하고도 올바른 처신에 신경을 써야 한다. 그것이 세상을 바르게 살아가는 지혜이고 처세술이다.

일이 예상 밖으로 잘 풀릴 때는 의기양양하거나 잘난 체하지 말아야 한다. 그런 때일수록 말을 아끼고 행동을 조심하며 겸손하여야 한다.

"성공할수록, 명성을 날릴수록 겸손하고 예의바른 행동을 하라."

보통 사람들은 성공하고 이름을 떨치게 되면 거만하고 남을 무시하거나 잘난 척하게 된다.

마윈은 강조했다.

"나는 웹마스터들에게 특별히 고마운 마음을 갖고 있다. 경쟁이 치열하던 시절에 웹마스터들의 도움이 없었다면 알리바바는 살아남지 못했을 것이다."

그는 성공을 자기 혼자 이룩해낸 것이 결코 아니라고 말한다. 알리바바가 성장하고 성공하게 된 것은 구성원 모두, 동료들이 사랑과 정성으로 노력한 결과라고 강조했다.

마윈은 스스로 "절대적 존재도 아니다. 처음에 인터넷이 어떻게 돌아가는 것인지 몰랐다."라고 고백했다. 이틀 동안 회의를 하는데 도대체 무슨 소리를 하는지 알아들을 수도 없고 그 내용도 몰라 얼마나 당황했는지 모른다. 만일 알리페이를 2년 전쯤에 알았다면 그 사업을 시작할 엄두도 못 냈을 것이라고 말했다.

천 리 길도 한 걸음부터

마윈은 모든 일에 기본을 매우 중요하게 여긴다. "천 리 길도 한 걸음부터 시작한다."라는 말을 자주 인용한다.

창업을 한 사람은 기본을 잘 지켜야 하고, 외로움을 잘 견뎌야 한다. 높은 산 밑에서 곧장 산봉우리 꼭대기로 올라갈 수는 없다. 한 발 한 발씩 차근차근 걸어 올라가야 드디어 정상에 오르게 된다.

계단을 올라갈 때도 마찬가지이다. 급하다고 두 계단 세 계단 씩 껑충껑충 뛰어오를 수는 없다. 처음 몇 계단은 그렇게 올라갈 수도 있을 것이다. 그러나 곧 지쳐서 쓰러지고 만다. 기본을 착실 하게 지켜야 목적지에 이르고 마침내 성공하게 된다.

성공을 향한 발걸음은 등산 과정과 같다. 자동차를 타고 올라 갈 수도 없고 오직 한 걸음 한 걸음으로 정상을 향해 쉬지 않고 올라가는 등산의 과정과 같은 것이다.

중국 대륙에 개혁과 개방의 바람이 거세게 몰아친 1989년 이후, 중국 사람들은 너도나도 모두가 사업을 한다고 나섰다. 철저한 배급주의 생활 방식에서 개방주의 산업화로 큰 물줄기가 바뀌면서 돈을 벌겠다고 뛰어든 것이다.

그런 물결 속에서 마윈도 대학교 영어 강사를 그만두고 창업으로 눈길을 돌리려고 마음을 굳혔다.

그러자 대학교 학장이 마윈을 따로 학장실로 불렀다.

"마 강사는 우리 학교의 보배로운 존재야. 개방 물결에 휩싸여 흔들리지 말고 5년만 참고 지켜주게."

마윈은 학장의 말을 일단 받아들이기로 했다.

그때 마윈은 항저우 시후 호수에 영어 마당을 열고 영어 회화도 가르치고 있었다. 항저우에서는 영어 회화를 가장 잘하는 사람으로 소문이 나 있었다. 더구나 그는 교과서에 의한 영어가 아니라 사회생활 속에서 통용되는 영어를 구사한다고 하여 '살아 있는 영어'강사로 이름을 날렸다.

마윈이 처음 시작한 영어 마당은 영어 회화를 주로 하는 생활 학습장이다. 영어 회화를 잘해 보겠다는 사람들이 자발적으로 모여들어 활동한 영어 동아리 그룹 같은 것이다.

일정한 교실이 있는 것도 아니다. 호수 주변이나 공원, 광장, 대학교 캠퍼스 등을 가리지 않고 공부할만한 장소가 되면 사람들이 모였다. 일종의 야외 학습장이다.

다만, 철저하게 영어 회화로만 학습을 진행했다. 대학생들과 관심 있는 외국인들도 동참해 인기가 높았다.

번역 회사들이 그에게 높은 번역료를 제시하며 일을 청탁했지만, 모두 정중히 사절하고 대학교 영어 강사와 영어 마당에 충실했다. 한편으로는 창업 의지가 더 열렬하게 타올랐다.

특히 영어 마당에서 진정한 친구들을 만나 창업의 결의와 우정을 다졌다. 그들이 창업 과정에서 가장 소중한 동료가 되어 주었다. 그뿐만이 아니다. 가장 순수한 사랑도 이때 맺었다. 평생의 반려자이자 창업의 파트너인 아내를 만난 것이다.

마윈은 하이보 번역 회사를 차리고 고난의 시절을 겪었던 경험이 그에게는 커다란 받침돌이 되었다. 그때 얻은 것이 평생의 좌우명이 된 '절대 포기하지 마라!'이다.

하루가 멀다 하고 초고속으로 급변하는 첨단 과학문명 시대, 빨리 빨리의 속도전 시대에 그는 중국인이 전통적 관습으로 여기는 '만만디 정신'으로 기초를 착실하게 다져 나왔다.

90% 찬성은 가치 없다

"세상에 90% 찬성, 100% 찬성이 무슨 가치가 있나? 그런 수치는 쓰레기통에 버려라."

마윈이 강조하는 말이다. 그렇게 다수가 찬성하는 일이라면 누군가가 이미 실시하고 있을 가능성이 그만큼 높고, 이미 기회를 빼앗긴 것이라는 생각 때문이다.

민주주의는 다수결의 원칙을 중요하게 여긴다. 크고 작은 일을 결정할 때는 몇 %라는 수치를 기준으로 삼는다. 지구촌에서 인터넷 바람이 거세게 불면서 활기를 보인 때는 1999년이다. 인터넷 업체들이 너도나도 포털 사이트를 개설한 것이다.

그때 마윈은 이런 생각을 했다.

"중국에는 중국 방식, 아시아에는 아시아 방식이 필요하다. 중국이 유럽 방식이나 미국 방식을 본뜬다면 사람들이 이해하기 어려울 것이므로 곤란하다.”

미국과 유럽에서는 대부분이 대기업을 주축으로 하고 있으며, 아시아는 중소기업을 중심으로 한 전자상거래가 이루어지고 있었다. 그래서 같은 방식을 서로 다른 시장에 적용한다는 것은 현실에 맞지 않다고 생각했다.

“중국에도 없고 미국에서도 찾을 수 없는 새로운 방식을 개발하자.”

마윈은 그렇게 결정을 내렸다. 그렇게 하여 탄생한 것이 알리바바다. 그는 쉴 새도 없이 미국으로 유럽으로 날아다니면서 여러 곳에서 열리는 비즈니스 세미나나 포럼에 적극 참여하여 유창한 영어로 알리바바의 홍보 연설에 열을 올렸다.

“외계인 같은 쪼끄만 사람이 놀랄 만큼 영어를 잘하는데…….”

“미국 유학통인가?”

외국 사람들이 신기하게 여기면서 그의 홍보 연설에 귀를 기울였다. 그러면서 큰 관심을 보여주었다. 알리바바는 순식간에 글로벌 사회로 알려졌다. 그와 더불어 알리바바의 외국 이용자들이 폭발적으로 늘어났다. 마윈이 생각해도 참으로 신통한 일이다.

알리바바의 비즈니스 네트워크가 외국 사업가들의 구미에 쏙 들어 맞았다. 예를 들어, 배드민턴 라켓 세트를 구입하려는 미국 사람이 알리바바를 검색하면 100세트이건 1,000세트를 가릴 것 없이 10여 곳의 제조 판매 회사와 연결되었다.

그뿐만이 아니다. 계약 조건, 다양한 가격 등의 필요한 정보를 손쉽게 파악할 수 있다. 아프리카나 티베트 등 지구촌 곳곳의 거래상들과의 교류가 알리바바에서 이루어진다.

"아! 구성이 참 현실적으로 잘 짜여졌다!"

"아주 편리하게 구성했는걸!"

알리바바에 들어온 지구촌 거래상들이 환호성을 터뜨렸다. 그리하여 알리바바는 순식간에 국제 사회로부터 매우 합리적이고도 우수한 웹사이트로 인정받으면서 비즈니스에 날개를 달았다.

지구촌 사람들이 하나의 웹사이트인 알리바바로 모여들었다. 새로운 형태의 비즈니스가 형성된 것이다. 사업자와 사업자를 이어주는 전자상거래 플랫폼이 구축되었다. 마윈의 생각대로 아시아 시장, 중국 시장에 알맞은 방식이었다. 남과 다른 것은 독특한 사고방식에서 나온다는 것을 마윈은 누구보다도 잘 알고 있다.

"그렇다! 혁신을 통해 남과 다른 나만의 것을 만들어야 글로벌 시장을 석권할 수 있다."

그는 혁신에 혁신을 거듭 구상하였다.

"부자가 되고 싶다면 새로운 길을 선택하라. 다른 사람이 이미 개척해 놓은 길을 따라가며 어슬렁거리는 것은 아무 소용도 없다. 남과 달라야만 큰 부를 얻을 수 있다."

| 미국의 석유왕 록펠러

미국의 석유왕 록펠러의 말을 깊이 가슴에 새겨 넣었다.

이 말이 마윈의 혁신에 불을 붙여주었다.

성공하는 사람들은 언제나 독특하고 기발한 아이디어로 남들과는 다른 새로움을 내놓았다. 그리고 남들이 간 길은 멀리하고 남들이 가지 않은 길을 찾아 나섰다.

남과 다른 길을 찾는다는 것은 바로 혁신이다. 새로운 시각으로 세상을 바라보고 장애물을 만나도 과감하게 추진하는 의지를 지녀야 한다는 것을 마윈은 스스로에게 다짐하였다.

전자상거래

　전자상업電子商業의 거래를 지칭하는 말로 광고, 마케팅, 고객 지원, 배송, 지불 등과 같은 활동들을 포함한다. 인터넷과 다른 컴퓨터 네트워크와 같은 전자 시스템을 통한 제품이나 용역의 매매를 구성하고 있다. 현대의 전자상업은 더 넓은 범위에 있어서 전자우편을 사용하기도 하지만, 보통 월드 와이드 웹을 사용한다.

　전자 비즈니스E-business의 한 부분으로서 인터넷이나 네트워크, 다른 디지털 기술들을 이용해 전자적으로 제품이나 서비스를 사고파는 것을 말한다.

　인터넷상에 비디오와 그래픽으로 구성된 가상 시장에서 세계 각국의 생산자와 소비자가 직접 만나 중간상 없는 교역을 할 수 있으며, 신용카드나 전자화폐를 통한 대금 결제가 가능하다.

웹사이트 Website

인터넷 프로토콜 기반의 네트워크에서 도메인 이름이나 IP 주소, 루트 경로만으로 이루어진 일반 URL을 통하여 보이는 웹 페이지Web Page들의 묶음을 지칭하는 용어이다. 한국에서 흔히 말하는 홈페이지는 엄밀히 말해 웹사이트를 지칭한다. 최초의 웹사이트는 팀 버너스리가 1990년에 CERN에서 만든 info.cern.ch이다. 지금도 CERN 사이트 안에 존재한다.

웹사이트는 인터넷이나 랜과 같은 네트워크를 통해 접속할 수 있는 것으로, 하나의 웹 서버상에서 호스팅된다. 웹 페이지는 HTTP를 통하여 접속되며, 가끔씩은 HTTPS를 통한 암호화를 사용하여 웹 페이지 콘텐츠를 이용한 사람들에게 보안과 개인 정보 보호를 제공한다. 공식적으로 접속할 수 있는 모든 웹사이트는 총체적으로 월드 와이드 웹을 이루고 있다.

02
생각의 날개

결정하기 전에 먼저 생각하라

마윈은 '신념과 의심'에 대하여 자기의 생각을 비교적 차분하고도 소상하게 밝혔다.

"신념이라는 단어는 참으로 미묘한 뜻을 함께 지니고 있다. 나는 나 자신을 자주 의심하지만 신념은 절대 의심하지 않는다. 신념과 자기 자신은 언제나 같은 것이 아니기 때문이다. 내가 과연 일을 잘하고 있는지 의심한 때는 많다.

그러나 신념과 목표를 의심해본 적은 없다. 알리바바를 만든 것은 세상의 모든 기업들이 좀 더 쉽게 사업을 펼칠 수 있도록 하기 위한 서비스 차원이다. 이것이 나의 신념이었고 이 신념은 틀리지 않았다.

그러나 내가 지금 이 길을 제대로 가고 있는지 끊임없이 의심하면서 수시로 나에게 묻곤 한다.”

2001년 겨울은 인터넷 업계에도 매우 혹독한 한파가 몰아치는 겨울이었다. 그 겨울에 중국 인터넷 업계는 그야말로 낙엽이 떨어진 앙상한 나무처럼 초라했다.

한때 무섭게 성장하며 IT 산업에 목숨 걸던 기업들이 더는 버티지 못한 채 여기저기서 문을 닫았다. 겨우 사업을 유지하던 기업들도 인터넷마저 포기하고 오프라인으로 방향을 틀었다.

마윈은 강추위가 심하게 몰아치던 2001년 연말, 한국의 재일교포 기업가인 손정의 회장에게 손을 내밀었다. 손 회장은 상하이에서 열린 투자 회의에서 마윈에게 물었다.

“전자상거래를 포기하고 다른 분야로 전향하는 것이 어떤가?”

그러자 마윈의 대답은 단호했다.

“1년 전, 손 회장님께 투자를 부탁하러 갔을 때 제 꿈을 말씀드렸지요. 지금 제가 말씀드리는 것도 여전히 그 꿈 그대로입니다. 달라진 것이라면 지금은 그 꿈이 한 발짝 더 가까이 다가왔다는 것이죠. 저는 현재에 안주하지 않고 계속해서 앞으로 나아갈 것입니다.”

끈기 있게 믿고 기다린 결과 알리바바는 그해 혹독한 겨울 한파를 이겨내고 만물이 소생하는 봄철과 함께 눈부신 발전을 이뤄냈다. 투자자와 직원들은 하나같이 마윈에게 진정으로 감탄하며 고개를 끄덕였다. 물론 이 모든 성과는 첫째로 마윈의 거북이 같은 강인하고 끈덕진 인내심 덕분이었다.

"창업은 열정 하나로만 실행할 수 있는 일이 아니며, 성공은 뼈를 깎는 노력 없이 이루어낼 수 있는 것이 아니다. 창업은 성공이 목표이며, 희망과 이상, 사명감이 반드시 필요하다. 성공하고 싶다면 내가 지금 어떤 신념으로 어떤 일을 하고 있으며 무엇을 원하는지, 또 그것을 위해 무엇을 포기할 수 있는지를 무엇보다 명확히 판단하고 그 방향을 설정하여야 한다. 그런 뒤에 어떤 일이 있어도 신념만큼은 결코 흔들리지 않게 굳건히 지키고 있어야 한다. 신념은 바로 흔들리지 않는 결심 그 자체이다."

마윈은 "기업을 하는 사람들은 용기와 신념이 투철해야 하며, 그 용기와 신념은 강철 같은 믿음에서 나온다."라고 강조한다.

사람은 누구나 욕망이 강하고 유혹에 약하다. 의도적으로 다가오는 유혹의 손길을 뿌리치기가 무척 어렵다. 어떤 일을 하고자 하는 욕망이 넘쳐 흐르거나 끓어 오를 때에는 유혹에서 자유로워지기가 더욱 어렵다.

중국인들의 사랑을 받는 세계적인 영화배우 성룡은 넉넉하지 못한 가정에서 태어났다. 그의 초기에는 거의 무명배우로 단역에 머물렀다. 그런 그가 세계적인 스타가 된 것은 참으로 우연한 기회에 얻어낸 행운이다.

한 매니지먼트 회사에서 그와 전속 계약을 맺었다. 그런데 계약 기간이 거의 끝나갈 무렵 어디선가 편지 한 통이 그에게 날아왔다.

"성룡! 계약을 파기하고 소속 회사를 옮길 생각은 없나? 그렇게 한다면 100만 위안을 주겠다."

그 돈은 실로 엄청난 금액이었다. 사람은 돈 앞에 마음이 흔들리고 약해진다. 그러나 성룡은 고민에 또 고민을 하다가 그 계약을 깨지 않고 지켰다. 유혹을 거절한 것이었다. 유혹은 마치 발이 달린 것처럼 유명한 사람에게 다가간다.

또 다른 유혹의 경우는 수많은 상을 준다고 유혹하는데도 모두 거절한 물리학자의 이야기다. 그는 오직 광자 물리학 연구 하나에만 매달렸다.

그는 드디어 2009년에 세상 사람들이 갈망하는 노벨상을 받았다. 그러자 그의 신념과 용기에 감탄한 여러 기업에서 특별 강연을 요청해왔다. 그런데 그의 대답은 엉뚱했다.

"나는 지금까지 이런저런 상을 핑계로 유혹하는 바람에 이를 사양하느라고 연구를 제대로 할 수가 없었다. 더 이상 그런 일에 나의 소중한 에너지를 소비할 수 없소!"

적당히 강의하고 나면 상당한 현금이 들어오는 데도 거절한 용기에 모두가 그를 존경하였다. 그는 자신을 유혹하는 손길에 대해 자신을 보호하려는 신념과 의지가 자신에게 무척 엄격하였다.

이보다 더 재미있는 일이 있다. 삼국지에 등장하는 천하의 인물 조조는 관우를 제 편으로 끌어들이기 위해 세 차례나 그를 유혹하였다. 관우가 조조의 진영에 머물고 있을 때 그를 유혹하는데, 그 방법도 기가 막힐 정도로 절묘하였다.

"관우 장군! 젊고 아름다운 유비의 두 애인과 함께 방을 쓰시오."

말할 것도 없이 유비와 관우의 우애를 끊어 놓으려는 술책이었다. 그러나 관우가 그 유혹을 모를 리가 없었다.

"그러죠!"

짧게 대답하고는 그날 밤 《춘추春秋》를 밤새워 가며 읽었다.

조조는 관우를 유혹하는 첫 번째 과정에서 보기 좋게 실패했지만, 그의 집념은 더욱 뜨겁게 타올랐다.

조조는 관우에게 좋은 저택을 제공하면서 두 번째 유혹의 손길을 폈다. 그러자 관우는 저택을 둘로 구분해서 유비의 두 애인을 안채로 안내하고 늙은 병사로 하여금 두 여인을 모시며 시간마다 두 여인에게 문안 인사를 드리게 하고, 자신은 사랑채에 머물렀다.

이번에는 유혹에 빠져들 것이라고 생각하며 미소를 짓고 있던 조조는 화가 부글부글 끓어올랐다.

세 번째 유혹을 꾸몄다. 천하에서 아름답다는 열 명의 미인들을 동원하여 관우를 시중들도록 하였다.

"제 놈이 아무리 강심상이라 해도 열 명의 미인들이 유혹하는데 견뎌내랴?"

조조의 생각은 또다시 무참하게 빗나갔다.

"그대들이여! 안채로 들어가서 유비의 두 애인을 지성으로 모시도록 하라!"

관우의 지엄한 명령에 절세가인들이 눈초리를 흐리면서 안채로 모두 들어갔다.

결국, 조조는 관우를 유혹하는 계책을 포기하고 말았다.

마윈은 경고한다.

"제어할 수 없는 재능은, 문어가 롤러스케이트를 신고 경기장에 들어섰다고 생각해 보라. 그 문어는 어디로 가야 할지 방향을 잡지 못하고 제자리에 주저앉고 말 것이니까."

글로벌 세상을 살아가는 오늘날에는 여기저기서 생각도 못한 이런저런 유혹들이 끝없이 이어진다.

이권을 앞세우고 개인주의적 출세욕, 그리고 사업 확장을 위한 유혹의 뇌물들이 넘쳐 흐른다. 그 중심에 있는 사람들은 그 유혹으로부터 벗어나기가 무척 어렵다.

지금 중국에서는 네티즌들 사이에서 이런 글들이 크게 유행하고 있다.

"인터넷 업계의 거물들이 종횡무진 방황한다.

거인 그룹 스위즈 회장이 친구에게 50만 위안을 빌려 건강 보조 약품을 만들었고, 텐센트 마화텅 회장은 50만 위안짜리 저택을 사지 않고 텐센트의 기업 등록을 했다. 인터넷 포털 왕인 딩레이 회장은 50만 위안으로 163.com을 개설하고, 온라인 업체 성다 천텐차오 회장은 성다 설립에 50만 위안을 사용해서 집을 사지 못했다. 만일 그때 이들도 50만 위안짜리 집을 샀다면 집을 가진 사람이 몇 명 더 늘었겠지만, 인터넷 업계의 거물들은 탄생하지 않았을 것이다."

《춘추 春秋》 맹자가 쓴 중국의 고전

|《춘추春秋》를 쓴 맹자

중국의 고전古典으로 노나라 때의 역사책을 말한다. 춘추는 1년
사계절 춘하추동에서 여름 하夏와 겨울 동冬을 빼고 부른다. 맹자가
썼다고 전하며 오경五經의 하나로 꼽는다. 오경은 다섯 가지 경서로
《시경》,《서경》,《주역》,《예기》,《춘추》를 이른다.

머리를 지혜롭게 써라

마윈은 항상 이렇게 강조한다.

"어린이처럼 호기심 가득한 눈으로 세상을 바라보고 행동하는 지혜가 필요하다. 텔레비전을 좋아하는 어린이도 있고 무협소설을 즐겨 읽는 어린이도 있다. 모두 개성이 다르기 때문이다. 머리는 쓰라고 있는 것이다.

남들이 이러쿵저러쿵 하는 말에 휘둘려서는 안 된다. 자신의 머리로 생각하고 자기 눈으로 세상을 바라보고 문제를 확인해야 한다. 누군가가 나의 생각에 따른다면 다시 한 번 생각해 보고, 반대한다면 한 번쯤 물러서는 여유를 가져라. 자신의 생각이 과연 옳은 것인지 냉정하게 되돌아보는 훈련을 계속해야 한다."

영국 역사상 최초의 여성 수상이 된 마거리트 대처는 명석한 주관을 가지고 냉철한 판단으로 일을 처리한 사람으로 유명하다.

대처는 남들이 다수가 주장한다고 무조건 따르지 않고 한 번 생각하고 판단한 뒤에 어떻게 해야 할지를 결정하라는 말을 어릴 적부터 아버지로부터 배웠고 그렇게 실천해 왔다.

독립심이 강하고, 사고력이 뛰어난 사람은 주관이 분명하고 의지가 강하며, 다수의 의견이라 해도 그냥 따라가지 않는 판단력이 있다.

주관이 뚜렷한 사람이 되고 싶다면 생각의 문을 열고 그 깊이를 더 깊게 더 크게 하는 훈련을 쌓아야 한다. 주관이 뚜렷한 사람이 되고 싶다고 해서 하루아침에 없던 주관이 생기는 것도 아니고 약하던 주관이 더 확고해지는 것도 아니다.

주관이 약하거니 판단력이 흐릿한 사람을 가리켜 '결정 장애를 가진 사람'이라고 일컫는다. 그런 사람들이 뜻밖에도 많다는 것이다. 그런 사람은 일을 결정하는데 머뭇거린다. 해야 할 일도 결정하지 못하고 갈대처럼 흔들거린다. 어물거리는 사이에 방향도 잃어버리고 무엇을 해야 할지도 모르게 된다.

세상에는 똑똑한 천재보다는 어리석은 사람이 더 많다. "어리석은 사람이 똑똑한 천재를 이긴다."라는 말이 있다. 정말로 똑똑하다고 생각하는 사람은 자신의 천재적인 머리와 명석한 지혜를

자랑하지 않는다. 한 발 뒤로 물러서서 자신의 실력을 크게 드러
내지 않으려고 한다.

마윈은 똑똑한 천재에 대하여 할 말이 무척 많은 사람이다.

"이 세상에 잔머리 굴리는 사람들이 많다. 언젠가 상하이에 간
일이 있는데 중요한 손님을 모시고 별 다섯 개가 붙은 고급 호텔
에 들어갔다. 멋지게 잘생긴 호텔 남자 직원이 안내하는데 나를
보고는 아는 체한다. 그의 친절은 공식적인 안내 서비스인 것이
다. 그는 잔머리를 너무나 잘 굴리는 사람 같았다."

마윈은 스스로 가장 똑똑한 사람이라고 말하는 사람은 똑똑한
사람이 아니라 조금 모자라고 어리석은 사람이라고 평가한다. 언

젠가 직원들과 마피아 게임을 하였는데, 그 게임에서 직원들이 마원을 마피아로 미리 정해 놓고 게임을 한 것이다.

그러나 그는 그런 사실을 모른 채 게임을 하면서 혹시 내가 마피아가 아닌가 하는 생각이 들어 무척 조심스럽게 게임을 진행하였다. 마원은 게임이 끝난 뒤에 마피아로 미리 정했다는 사실을 알고 절대로 다른 사람을 바보로 취급해서는 안 된다는 것을 깨달았다고 말했다.

똑똑한 척하는 사람일수록 남의 눈치를 살피고 상대의 실수를 노린다. 이런 사람일수록 허영에 들떠서 잘난 척하고 그로 인해 주위의 여러 사람으로부터 미움을 받게 된다.

그러나 정말로 똑똑한 사람은 그와는 정반대이다. 그런 사람은 행동에 거리낌이 없고 남을 이해하고 포용하는 마음이 넓으며 보다 깊고 넓은 지혜로움을 보여 준다.

옛날에 노자가 말했다.

"지혜로운 사람은 바보처럼 보인다."

이런 사람은 대개 융통성이 넓고 이해심이 많으며 훌륭한 사람을 끌어들인다.

마원이 창업을 준비하는 사람들에 강조하는 말이 있다.

"나보다 동업하겠다는 사람이 더 똑똑한 사람으로 보인다. 그렇게 말할 수 있다는 것 자체가 아주 훌륭한 덕목이다."

나보다 뛰어난 똑똑한 사람에게서 배울 것을 발견하고 자기 것으로 만들어야 한다는 가르침이다. 내가 그보다 덜 똑똑하고 재능도 뒤떨어진다고 후회할 필요는 조금도 없다.

열심히 일하고 노력하면 부족한 점을 얼마든지 보충할 수 있는 것이 인간이다. 자기만이 가장 똑똑하고 완벽하다고 여기면서 다른 사람, 특히 직원들을 얕보거나 무시하려는 태도는 창업자가 버려야 할 가장 기초적인 덕목이라고 마윈은 강조한다.

중국 사람들은 예로부터 남들 앞에서 어수룩하게 행동하여 자신의 재주를 감추는 습성이 있다. 이를 현명한 행동, 아름다운 몸가짐으로 여겨왔다. 그렇게 함으로써 상대방을 더 똑똑한 사람으로 치켜세우고 좋은 인상을 심어줄 수 있다고 믿었다.

심장이 세상을 움직인다

세상을 움직이는 것은 거대한 무기가 아니라 주먹만 한 작은 심장이다. 사람은 몸이 커지면서 생각이 커지고 마음도 자란다. 사람이 남들과 더불어 세상을 살아가는데 있어서 속상하는 일, 괴로운 일, 어려운 일들을 많이 만나게 된다.

그럴 때마다 화를 내서는 곤란하다. 참을 줄 알고 물러서는 마음, 인내할 수 있는 마음을 길러야 큰 사람으로 성장한다. 그런 과정을 통해 남을 이해하고 자기의 뜻을 펴면서 큰 포부를 지니게 된다.

"남자는 억울한 일을 겪고 슬기롭게 헤쳐나가면서 포부가 커지고 의지력이 다져진다. 여자는 어려운 일을 극복하는 속에서 심성이 고와지고 협조하는 마음이 자란다."

마윈이 인터넷 네티즌들에게 전하는 말이다.

사실 그도 억울한 일, 참지 못할 욕도 많이 들었다.

"마윈! 그 녀석 사기꾼이다!"

"정신병자 미친놈이야!"

그러나 마윈은 참고 이겨냈다.

차이나옐로페이지를 창업하여 운영하던 1995년 어느 날 선전 지방에서 꽤 큰 사업을 한다는 사람이 찾아왔다. 그는 2만 위안을 보증금으로 걸고 대리점을 차리고 싶다고 말했다.

그때 마윈에게는 선전 지방의 시장으로 진출한다는 것 자체가 구세주를 만나는 것과 같았다. 차이나옐로페이지는 인터넷이 사회적 이슈로 떠오르면서 빠른 속도로 성장하고 있었다.

마윈은 그 사람에게 회사의 핵심 기술과 운영 방침 등을 아낌없이 제공하고 설명해 주면서 직원 파견까지도 약속했다.

"사흘 후에 항저우에서 계약서를 작성하지요."

"그렇게 합시다!"

두 사람은 굳게 약속하고 헤어졌다. 그러나 사흘이 훌쩍 지나고 여러 날이 흘러가도 그 사람은 나타나지 않았다. 그런데 깜짝 놀랄 일이 터졌다. 그 사람이 차이나옐로페이지와 똑같은 웹페이지를 만들었다는 것을 뒤늦게 알았다.

마윈에게는 너무나 분통이 터지는 충격적 사건이다.

"그 사건은 정말 참기 힘든 사건이었다. 그러나 나는 꾹 참았다."

마윈은 마음을 가다듬고 차이나옐로페이지를 키워나갔다. 너 죽고 나 살자는 식으로 경쟁은 점점 뜨겁게 치달았다. 그런 가운데 1996년 봄 어느 날 마윈은 당시 최대 경쟁 업체였던 항저우텔레콤과 합병을 추진하는 데 성공을 거두었다.

그런데 합병 이후 서로의 생각이 달라지면서 갈등이 생겼다. 차이나옐로페이지와 합병하면 금세 큰돈을 긁어모을 것이라고 생각했던 항저우텔레콤에서 마윈에게 불만을 털어놓기 시작한 것이다.

마윈은 인터넷 비즈니스란 마치 어린아이를 키우는 것과 같아서 최대한 정성과 사랑을 쏟아가며 키운 뒤에 이익을 기대하여야 한다고 믿었다.

상황은 마윈에게 매우 불리하게 돌아갔다. 권력과 자금줄을 거머쥔 항저우텔레콤에게 유리하게 돌아가고 있었다. 마윈은 매우 억울했지만 미련 없이 손을 털기로 마음먹었다. 그래서 차이나옐로페이지의 지분 21%와 함께 회사를 동료에게 모두 넘겨주고 회사를 떠났다.

마윈은 사업을 시작한 이래 가장 큰 손실을 본 것이다.

그러나 그는 눈물을 보이지 않고 말했다.

"기대가 크면 실망도 크다. 이런 비극은 종종 있다. 힘든 일을 겪을 때마다 좌절하지 않고 맞서서 싸워 이긴다면 점점 더 강해진다. 나는 나의 길에 늘 위험이 따를 것이라는 생각으로 일한다. 그래서 대응력도 커지고 자신감도 생겨난다."

사람이 세상을 살아가는 동안 생각도 못한 억울한 일도 당하고 욕도 먹는다. 그런 과정을 못 참고 억울해하고 크게 실망하거나 좌절하는 사람도 있다.

배고픔을 겪어본 사람만이 그 고통을 안다는 말과 같이 어려운 역경을 극복한 사람들은 그 시련을 바탕으로 삼아 다시 일어날 수 있는 힘이 생긴다.

성공할수록 겸손하라

마윈은 성공할수록 겸손과 예의를 지켜야 한다고 강조한다.

"얻고자 한다면 먼저 베풀어라."

그는 노자가 《도덕경》에서 강조한 이 말을 경구처럼 여긴다. 원하는 것을 얻기 위해서라면 먼저 베풀라는 가르침이 늘 가슴에 닿아 있기 때문이다.

베풀지 않고 얻을 수 있는 것은 아무것도 없다는 것을 잘 알고 있는 그는 이 진리를 기업 경영의 기본 법칙으로 삼고 있다. 알리바바와 타오바오를 글로벌 기업으로 키운 것도 바로 이 진리의 정신이 밑바탕이 되고 있는 것이다.

그는 알리바바와 타오바오 창업 초기부터 회원 가입비를 받지 않았다. 더구나 마윈은 타오바오를 시작한 2003년부터 3년 동안 무료 서비스를 선언하고 그 약속을 지켰다.

그 이면에는 타오바오가 앞으로 3년 동안은 수익을 올릴 수 없다는 뜻이거나 수익을 낸다고 하여도 아주 미미할 것이므로 3년 동안은 알리바바가 B2B 분야의 사업을 통해 버는 돈을 타오바오에 계속 쏟아 부어야 한다는 것을 미리 밝힌 것이다.

그러면서 이런 말을 했다.

"지금 우리 시장은 파이를 키우는 단계다. 무료 서비스를 통해 더 많은 고객을 모으고 지켜 나아가야 한다. 우리의 영토를 확장하기 위해서 말을 타고 달려야 한다."

전쟁에 나아가는 군사들이 말을 타고 달려가야 적을 섬멸하고 영토를 차지할 수 있는 것처럼 우리도 무료 서비스 전략을 통해 시장을 넓혀 나아가자는 의지를 밝힌 것이다.

모든 서비스를 3년 동안 무료로 하겠다는 마윈의 의지는 너무나 통 큰 정책이었다. 웹사이트를 유지하는데 필요한 인력과 여기에 들어가는 물자를 생각할 때 마윈의 무료 서비스 정책은 그야말로 놀라운 도전이요 엄청난 모험이었다.

거기서 끝나지 않고 경쟁 업체인 이베이에게도 무료 서비스를 함께 제공하자고 제의하였다. 그러나 이베이는 바보 같은 생각이라며 한마디로 거절했다.

"마윈, 틀림없이 망할 거다."

"맞다! 땅 팔아 사업하는 것도 아닌데 계속 무료 서비스하다니……."

"밑 빠진 항아리에 물 붓기다."

무료 서비스를 즐기는 사람들, 특히 라이벌 업체들이 비아냥거렸다. 그러나 현실은 정반대였다. 수수료를 받지 않는 마윈은 빈손인데 수수료를 내지 않고 이용하는 판매자들은 돈을 벌어들였다.

뚜껑을 열고 보니 참으로 이상한 결과를 가져왔다.

마윈의 예상처럼 타오바오에 수많은 사람이 몰려든 것이다.

사실 그는 '메이드 인 차이나'라는 기치 아래 낮은 비용을 앞세워 사업을 발전시키는 동시에 시장에서도 알리바바에 엄청난 수익을 안겨주면서 상호 협력 관계를 다졌다.

마윈은 말했다.

"나는 무료 서비스를 하였다. 돈을 받지 않았을 뿐만 아니라 다른 집보다 훨씬 맛있는 좋은 음식을 제공하였다. 사람들은 아무리 공짜라 해도 맛 좋고 질도 좋은 음식이 아니면 먹으려 하지 않는다. 공짜라고 받아먹었다가 배탈이라도 나면 더 큰 일이니까.

비록 무료라 하지만, 유료보다도 더 좋은 서비스를 통해 부가가치를 누리도록 하는 일에 정성을 다해 경쟁 업체와의 경쟁에서 이길 수 있었다."

마윈의 타오바오는 사업을 시작한 지 불과 1년 만에 경쟁 업체인 이베이를 제치고 중국에서는 제품을 가장 많이 판매하는 인터넷 경매 사이트로 떠올랐다.

타오바오의 무료 서비스 전략에 대해 야후의 CEO 제리 양은 "크게 베풀고 엄청 얻어낸 작전"이라고 감동하였다.

그렇게 승승장구한 타오바오는 2005년 가을로 접어들면서 이용자 총 누계 1,390만 명에 30억 3,000만 위안을 벌어들인 기업으로 성장하였다. 그해 연말인 12월 한 달에는 무려 11억 위안을 벌어들여 같은 해 1년 동안에 올린 판매 금액보다도 많은 돈을 손에 쥐었다.

이용자들을 생각하는 마윈의 전략은 언제나 신선하고 변함이 없다. 독신자의 날인 2014년 11월 11일 하루에만 사상 최대인 93억 달러(약 10조 2,000억 원)의 엄청난 매출을 기록하였다.

"돈을 벌고 싶다면 다른 사람이 돈을 벌 수 있도록 먼저 베풀어라."

알리바바와 타오바오의 성공을 이끌어내고 중국 최고 부자로 떠오른 마윈 회장은 2014년 겨울로 접어들어 미국의 억만장자인 빌 게이츠에 도전하면서 외쳤다.

"자선사업도 1등을 하겠다! 나는 행복하지 않다. 부자는 좋은 것이지만, 중국의 최고 부자는 좋은 게 아니라 골치 아픈 일이다. 돈을 벌면 돈에 욕심을 내는 사람들에게 둘러싸이게 마련이다. 요즘 내가 길거리를 걸어가면 많은 사람들이 뭔가 다른 눈으로 바라본다. 그냥 보통 사람 마윈 그대로 봐주면 좋을 텐데……."

그가 자선사업 1등을 하겠다고 밝힌 동기는 부자라는 것 때문에 얻게 된 마음의 고통을 덜기 위해서다.

그는 2014년 9월 미국 뉴욕 증시 상장 성공으로 알리바바의 시가 총액이 1,676억 달러(약 175조 원)라는 세계 최대 전자상거래 업체로 떠오른 뒤에 차가운 눈총을 받아왔다.

마윈의 자선 기부는 중국에서 이미 '기부왕'이라는 명성을 얻고 있다. 환경보호 공익신탁기금을 설립하고 145억 위안(약 2조 5,000억 원)을 사회에 환원하였다. 이는 2014년 현재 중국에서는 올해의 자선가 순위 기부액 1위이다.

"돈을 버는 일도 어렵지만 보람 있게 쓰는 일이 더 어렵다."라고 강조하는 마윈은 자선사업 기부의 경쟁자로 미국의 마이크로소프트 창업자인 빌 게이츠를 지목하면서, 빌 게이츠와 선의의 진실한 자선사업 경쟁을 펴겠다고 말했다.

"빌 게이츠와 마윈, 누가 더 나은 자선 사업을 하는지 진실한 자선사업 경쟁을 펼치겠다."

빌 게이츠는 부인과 함께 '빌 앤 멀린다 게이츠 재단'을 2000년도에 설립한 이래 지금까지 아프리카 어린이를 위한 백신 개발과 교육용 컴퓨터 보급 등에 모두 302억 달러(약 32조 원)를 기부하였다.

원칙을 목숨처럼 지켜라

원칙을 지키지 않는 사람은 신용 없는 사람이 되기 쉽다. 원칙을 지키는 사람은 성실한 반면에 원칙을 지키지 않는 사람은 진실하지 못하다. 사람들은 누구나 저마다의 원칙과 기준을 가지고 사회생활을 한다.

원칙에 따라 해야 할 일을 진행하고 지켜야 할 일을 지켜야 한다. 이는 사회 질서를 바로 잡고 모두가 함께 사는 아름다운 사회를 만들어 가는 바탕이 된다. 그래서 원칙은 목숨처럼 중요하게 여기고 성실하게 지켜야 하는 것이다.

마윈은 강조하였다.

"나의 알리바바 주변에는 많은 사람이 있다. 이들을 크게 보면 세 가지 분야인데, 첫째는 돈을 잘 버는 장사꾼이고, 둘째는 판단력이 빠르고 정확한 사업가이며, 셋째는 사회적 책임 의식을 가진 기업가이다. 특히 기업가에게는 혁신을 추구하는 정신이 필요하다."

그는 앞으로 10년 안에 전자상거래가 일상생활의 중심이 될 것이라고 내다보았다. 그냥 막연하게 생각한 것이 아니라 확신을 갖고 있었다. 그러면서도 엔터테인먼트 분야가 인터넷 세상을 바꾸지는 못할 것이라고 예측하였다.

수많은 사람이 게임만을 즐기면서 세상을 살아갈 수는 없으며, 인터넷 전자상거래가 삶의 중심으로 자리 잡을 것이라고 본 것이다. 그의 예상은 사실로 다가왔다.

"우리 알리바바의 고객은 중소기업과 창업자들이다. 만약 대기업도 고객으로 삼아야 한다면 우리는 원칙적으로 사업을 전개할 수가 없다."

그건 초등학생들을 위한 수업에 중·고등학생이나 대학생들까지 받아주어야 하는 것과 마찬가지인데 그럴 수는 없다는 것이다. 그의 이런 생각은 확고했다.

더구나 인터넷의 발전을 바라보는 그의 전망과 분석은 매우 날

카롭고도 정확하다. 기업과 고객의 관계, 기업과 시장의 관계, 판매와 수익에 대한 관계 등에서 원칙을 가지고 접근해야만 서로가 함께 살아갈 수 있다고 보고 있다. 어느 한쪽이 일방적으로 끌고 가거나 지배할 수는 없다는 생각이다.

마윈은 광고와 광고 모델에 대해 TV 방송의 인기 아나운서의 예를 들어 원칙이 중요하다는 것을 설명하였다.

"인기를 누리고 있는 아나운서가 어느 유명 캐주얼 의류 업체와 유명 제약회사로부터 전속 모델로 활동해 달라는 제안을 받은 일이 있다. 양쪽에서 똑같이 500만 위안을 제시하면서, 이 조건에 응한다면 2주 안에 계약금의 2배인 1,000만 위안을 벌어들일 것이라고 권유한 것이다.

그러나 TV 방송에서는 소속 인기 아나운서가 모델로 출연하는 일을 금지하고 있기 때문에 그가 모델로 출연하려면 회사에 사직서를 내야 한다. 물론 1,000만 위안은 그가 정년퇴직할 때까지 근무해도 못 버는 많은 돈이다. 하지만 그 아나운서는 그 제안을 사절하였다. 아나운서는 그의 원칙을 지킨 것이다."

사람들은 원만한 인관관계를 유지하면서 살고 있다. 그러나 때에 따라서는 그런 관계를 지키기 어려운 유혹이 들어온다. 어떤 특정한 목적을 위해서 또는 특별한 이슈를 마련하기 위하여 스스로 거절하기에는 무리가 따르는 유혹의 손길이 뻗어온다. 그럴 때 대부분은 고민하면서 자신의 원칙을 잃어버리고 유혹의 손을 받아들이는 경우가 많다.

원칙이 없거나 바로 서지 않은 사람은 대부분이 유혹의 손길을 뿌리치지 못하게 된다. 어떤 관계 때문에 거절을 못 하거나 체면 때문에 그 유혹을 받아들인다.

그러나 부당한 유혹에 대하여 '싫다!'거나 '따를 수 없다!'라고 분명히 의사를 밝히는 일이 중요하다. 유혹 앞에서 분명한 의사를 밝히지 않으면 그 대가를 반드시 치르게 된다.

배고픈 사람들은 좋은 음식, 맛있어 보이는 빵을 거절하기가 매우 어렵다. 그만큼 강한 유혹은 없다.

마윈은 강조하였다.

"유혹에 약한 사람에게는 큰일을 맡길 수 없다."

그런 이유는 원칙을 지키지 않는 사람은 원칙에 어긋나는 말과 행동을 되풀이하기 쉽고 더구나 기본적인 양심까지 속이는 경우가 있기 때문이다. 그래서 원칙을 지키는 일을 목숨을 지키는 일 못지않게 중요하게 여긴다.

06 두려워하지 마라

일을 시작할 때 결코 두려워하지 마라. 어려워서 못 하는 일은 없다. 오직 겁부터 먹기 때문에 일이 어려워진다. 마음먹기에 따라 일을 진행할 수 있는 능력이 누구에게나 있다. 그것은 사람이 지니는 특성이다.

"걷는 사람만이 앞으로 나아갈 수 있고, 산을 오르는 사람만이 정상에 올라간다."

말하기는 쉬워도 실천하기가 어렵다. 사람이 행동으로 옮겨야만 이루어낼 수 있기 때문이다. 마음먹은 어떤 일을 시작하기도 전에 어려울 텐데, 또는 힘들 것인데 하고 우물쭈물하면 자신감이 약해지면서 진행만 늦어진다.

거기서 그치는 것이 아니라 이미 절반은 실패한 것과 같다.

어려울 것이라는 부정적인 생각을 하는 것 자체가 마음에 부담을 주고 실행에 장애물로 작용한다. 불과 반세기 전만 해도 컴퓨터가 등장하고 인터넷이 지구촌을 다스릴 줄은 아무도 예측하지 못했다. 그런데 지금은 남녀노소를 가릴 것 없이 이용하고 학교는 물론 관공서, 은행, 병원, 군대에서까지 절대 필요한 첨단 문명의 이기로 사용하고 있다.

컴퓨터가 잠깐 작동하지 않고, 인터넷이 잠시라도 정지된다면 지구촌은 그야말로 야단법석 엄청난 회오리바람에 휩싸인다.

이 세상에서 해결할 수 없는 문제가 무엇일까? 과학자들은 그 수수께끼를 찾아서 해결하느라고 연구에 몰두하는 데 정신이 없고, 기업가들은 사람들의 일상생활을 보다 즐겁고 윤택하게 이끌어 주고자 땀을 흘린다.

인간의 능력이나 잠재력은 끝없이 무한하다. 부정적인 생각과 태도를 버린다면 하지 못할 일도 없고 이루지 못할 일도 없다. 모든 것은 의지와 용기, 노력에 달려 있다.

마윈은 특히 강조한다.

"안 될 것이라는 생각을 버려라. 두렵다는 생각을 하지 마라. 그런 생각을 하는 한 큰일을 이뤄낼 수 없다."

일을 할 때 어려울 것인데 하는 걱정은 하지 않는 것이 좋다. 그런 걱정은 자신감이 없다는 생각에서 비롯된다. 일단 어떤 일을 하겠다고 결정했으면 눈치 볼 것 없이 밀고 나가는 것이 중요하다. 두려운 생각이 들어도 '할 수 있다'는 각오를 다져야 한다.

마윈은 금융 위기가 다가오자 알리바바 직원들에게 이메일을 보냈다.

"겁먹지 마라. 설사 무릎을 꿇는 일이 생기더라도 주저앉지 마라. 위기는 우리들에게 새로운 기회가 될 것이다. 알리바바의 긍지와 자존심을 지키자!"

마윈의 이메일을 받은 직원들은 용기가 솟아올랐다. 그 용기는 알리바바의 이익을 높이는 원동력이 되었다. 알리바바 그룹 산하의 타오바오도 마찬가지로 눈에 띄게 매출이 올랐다.

위기가 다가온 지 불과 반년도 채 안 되어 알리바바와 타오바오의 총매출액은 413억 위안에 이르렀다. 이는 지난해 한 해 동안 거래액과 맞먹는 수준이었다.

마윈은 위기를 기회로 확실하게 이용한 것이다. 그 뒤에 알리바바의 한 임원은 이렇게 감탄하였다.

"자신감으로 놀라운 힘을 발휘했다. 맨 처음에 18명으로 시작한 알리바바가 이제는 직원이 1만 명이 넘는 대기업으로 성장했다. 우리에게는 불가능은 없고, 두려움도 없다. 자신감만 잃지 않는다면 위기는 기회다.”

기업 활동에서 자신감은 황금이고 현금이다. 자신감만 가진다면 꿈을 이룰 수 있다. 두려워하지 않는다면 희망과 행운을 손에 쥘 수 있다.

여유를 즐겨라

마윈은 "부지런한 것도 좋지만, 여유를 즐길 줄 아는 사람이 되라."라고 말한다.

사람마다 성공의 고지를 향해 힘차게 달린다. 그렇다면 모두가 성공 고지에 올라야 하는데, 세상은 그렇지 못하다. 왜 그럴까?

마윈은 역설적인 말을 한다.

"부지런한 사람보다는 게으른 사람들이 성공한다. 너무 부지런한 사람은 오히려 성공하지 못한다."

"무슨 말씀인가? 게으른 사람이 성공한다니?"

많은 사람이 그렇지 않다고 반문했다. 그러나 그의 설명을 좀 더 들어 보자.

"게으른 사람이란 아무 일도 하지 않는 진짜 게으름뱅이가 아니라 적게 일하고 많이 생각하는 사람이다. 날마다 가장 일찍 출근해서 제일 늦게 퇴근하는 사람, 온종일 정신없이 일하는 사람들은 거의 다 월급이 적다. 반대로 하는 일도 별반 없는 것 같고 여유롭게 하루를 보내는 사람이 더 많은 봉급을 받는다. 그런 사람은 여기저기 주식도 갖고 있어서 월수입이 많다."

일하는 시간을 기준으로 볼 때 그렇다는 말이다. 그래서 지금 세상은 게으른 사람들에 의해서 돌아가고 있다는 말이다. 바쁜 것이 미덕이고 게으름은 가난을 불러들인다고 생각하는 것이 보통이다. 하지만 일손을 잠시 멈추고 생각해 보면 일의 양은 시간으로만 따질 수 없다는 것을 느끼게 된다.

마윈은 야후차이나를 인수 합병한 뒤 직원 회의에서 재미있는 말을 했다.

"세계에서 제일가는 큰 부자 빌 게이츠가 학생 시절에 공부하기가 싫고 지겨워서 자퇴하고 말았다. 프로그래머가 된 그는 도스 명령어들을 하나하나 기억하여야 하는데 그 일마저도 귀찮았다.

그래서 그림으로 이어지는 아이콘을 배열하는 윈도 프로그램을 개발하였다. 그의 덕분으로 오늘날 전 세계 컴퓨터는 모두 생김새가 똑같아졌다. 그로 인해 빌 게이츠는 큰 부자가 되었다. 만일 그가 대학교를 충실하게 다닌 학생이었다면 윈도 프로그램을 개발할 수 있었을까? 아마도 그렇지 못했을지 모른다."

| 빌게이츠

그 말에 모두가 고개를 끄덕거렸다. 그는 잠시 목을 축인 뒤 다시 말을 이었다.

"또 있다. 세계에서 브랜드 가치가 가장 높은 것이 코카콜라이다. 그 회사 사장은 너무나 게을렀다. 그는 얼음물에 시럽을 넣고 코카콜라 병에 담아 팔았다. 중국의 차는 전통적으로 유명하고 브라질 커피도 향이 좋지만 전 세계 사람들은 그 거무죽죽한 코카콜라 액체를 마신다.

세계에서 가장 성공한 패스트푸드 기업인 맥도날드 사장도 그렇고, 피자헛 사장도 게으르기는 마찬가지다.

이들보다 더 게으른 사람이 있다. 걸어 다니기가 귀찮아서 자동차를 만든 사람, 계단을 오르내리기가 싫어서 엘리베이터를 만든 사람, 음악회 가기가 싫어서 CD나 카세트테이프 만든 사람……. 그렇게 게으른 사람들은 하나하나 예를 들 수 없을 만큼 많다.

하지만 이들은 거의 다 한정된 삶을 살다가 세상을 떠난다. 이 세상에서 가장 오래 사는 동물은 거북이다. 걸어 다니기가 귀찮아서 평생 거의 움직이지 않기로 유명하다. 그래서 그런가? 천 년을 산다고 한다."

그가 이런 말을 한 까닭은 게으른 사람들에 의해서 세상이 돌아가고 있음을 설명하려는 것이었다. 그들은 정말 게으른 사람이 아니라 그렇게 보였을 뿐이며, 누구보다도 부지런하게 활동한 사람들이다.

온몸을 돌려가며 온종일 부지런히 일하는 사람보다는 노는 것처럼 보이는 사람들은 손 대신에 머리로 열심히 일한다. 시간에 여유를 가지고 즐겁게 일하는 사람들로 인해 오늘날 지구촌 사람들은 보다 편하게 여유를 즐기며 살고 있는 것이다.

03

변화의 물결

분명하고 정확하라

마윈은 여러 곳으로부터 초청을 받고 연설을 한다. 그럴 때마다 특히 청소년들에게 특별 주문을 하곤 한다.

"분명하고도 정확한 사람이 되라. 간결하고 정확한 말이 핵심을 찌른다. 말을 길게 많이 하는 사람보다는 요령을 간추려서 말하고 메시지를 간결하게 전달하는 사람이 되어야 한다."

그의 연설은 간단하고 길지 않다는 특징이 있다. 연설을 듣는 사람들이 연설 내용을 오래도록 기억할 수 있게 짤막한 연설, 알기 쉬운 내용, 뇌리로 파고들어 오랫동안 기억될 단어들을 사용하는 것이 장점이다. 예를 들면 이런 말들이다.

"보통 사람들은 입으로 말하고, 똑똑한 사람은 머리로 말하며, 지혜로운 사람은 가슴으로 말한다."

"간결한 문장은 촌철살인寸鐵殺人과 같은 힘을 지닌다."

"말하기는 곧 업무와 마찬가지이다."

"말이 길고 장황하면 듣는 사람은 짜증을 낸다."

"실력은 펀치를 견디는 강한 힘이다."

"당신이 진정으로 성공한다면 당신의 말은 진리가 된다."

"포부라는 단어 안에는 사명감이 들어 있다."

그의 말 한 마디 한 마디는 바로 금언金言이고 격언과 다름없다.

그는 창업을 꿈꾸는 사람들에게 창업을 설명하는 자리에서 이렇게 말했다.

"많은 사람이 창업에 대해 나름대로 이야기를 한다. 오늘은 나를 찾아와서 이런저런 말을 하고, 새로운 아이디어나 아이템을 내놓는데, 다음 날은 '이런저런 기회가 있는데 어찌해야 좋은가?'라고 묻는다.

그러나 창업의 핵심은 포기하지 않고 우왕좌왕 헤매지 않고 한 길로 줄기차게 나아가는 것이다. 한 가지 일을 꾸준하게 진행하면 세상은 당신 품 안으로 들어온다. 그러나 이리저리 갈팡질팡하면 평생을 세상의 중심에서 벗어나게 된다."

마윈은 창업을 꿈꾸는 사람들, 창업을 시작한 사람들은 다른 사람의 성공담보다는 실패를 더 파고들어 공부하는데 많은 시간을 투자하라고 권한다. 그런 이유는 간단하다.

성공한 사람들의 성공 요인은 다 표현할 수도 없을 만큼 많다. 그러나 실패한 원인은 거의가 비슷하다는 것이다. 그런 까닭에 성공학 강의를 너무 많이 듣지 말라고 강조한다.

성공 사례에 대한 이야기를 듣는 것보다는 실패의 원인을 찾아보고 그 길을 걸어가지 않도록 주의하는 것이 더 도움이 된다는 말이다. 그는 성공의 길을 이렇게 제시하였다.

"남이 실패한 원인을 알고 나서 등골이 오싹해진다면 당신의 성공은 멀지 않았다."

창업한 사람들을 보면 대부분이 창업의 핵심을 감추려고 한다. 영업 비밀이라는 딱지를 붙여가면서. 그러나 그 딱지는 쓸데없는 것이고 또 효력도 없는 것이다. 자신의 생각을 솔직하고도 과감하게 이야기하라고 말한다.

업계에는 비밀이 없고 비밀을 간직하면서 사업을 해 나갈 수도 없다. 글로벌 사회에서 기업 비밀, 영업 비밀은 통하지 않는다. 비밀은 경쟁력의 핵심이 아니라 기업을 후퇴시키는 요인으로 역작용을 하기 쉽다.

새로운 제품을 내놓았다면 그 제품의 비밀을 홀랑 벗겨버리는 홍보 또는 광고를 해야 성공할 수 있다. 반대로 새로 나온 제품의 비밀이 새어나갈까 봐 제품의 모든 것을 숨기고 어물쩍거리면 그 제품을 소비자들은 선택하지 않는다.

사실 비밀을 지니고 있는 사람은 무척 괴롭다. 그 비밀이 새어 나가지 않게 지켜야 하므로 힘이 들고 괴로워지는 것이다. 툭 털어 놓으면 마음이 홀가분하고 걱정거리도 없어진다.

보통 사람들은 말을 무척 길게 하면서 자기 스스로 흥분한다. 그런 방법으로는 상대방에게 감동을 줄 수 없다.

알맹이도 없는 이런저런 말을 길게 늘어놓으면 듣는 사람은 싫어하고 반감을 일으키게 된다. 그보다는 짧고 간결한 말이 더 감동을 준다.

제2차 세계대전 때 영국 군대가 독일 히틀러 군대에게 공격을 당하고 참패하는 일이 여러 차례 거듭된 일이 있다. 그러자 영국 수상 처칠은 영국군의 사기를 높여주기 위해 특별 연설을 하게 되었다.

| 윈스턴 처칠

그는 모자를 쓰고 지팡이를 짚은 채 연단으로 올라갔다. 연설을 시작하기 전에 군인들을 쭈욱 둘러보았다. 모두가 고개를 숙인 채 사기를 잃은 모습이었다.

처칠은 비장한 목소리로 첫마디를 던졌다.

"여러분! 포기하지 마라!"

그리고는 또다시 군사들을 둘러본 다음에 똑같은 말을 했다.

"절대 포기하지 마라!"

그런 뒤에 또 군사들을 보고 나서 똑같은 말을 했다.

"절대로, 무슨 일이 있어도 포기하지 마라!"

처칠은 외치듯이 크게 말했다. 그의 말이 끝나자마자 군사들이 용수철처럼 일어나며 서로서로 부둥켜 얼싸안으며 환성을 질러 댔다. 풀이 죽어 사기가 떨어졌던 군사들이 똑같은 말을 세 번이나 거듭 번복하는 처칠 수상의 말에 감동을 받은 것이다.

처칠의 연설은 불과 열 마디 정도의 아주 짧은 것이었다. 그러나 그 속에 담긴 뜻은 백 마디, 천 마디보다 더 길고 바다처럼 깊었다.

그 뒤에는 영국 군대가 히틀러 군대를 상대하는 전투마다 승리를 거두는 놀라움을 보여주었다. 그렇게 해서 1939년 9월 영국과 독일 사이에서 불거진 제2차 세계대전은 영국을 비롯한 연합군의 승리로 1945년 8월 끝났다.

'꽃거지'라는 놀림 받아

마윈은 한때 '시리꺼'라는 놀림을 받았다. '시리꺼'는 특별히 하는 일도 없이 멋만 부리면서 거리를 배회하는 건달들을 빗대어 부르는 것으로, '중국판 꽃거지'를 가리키는 말이다.

그런데 엉뚱하게도 언론에서 마윈을 '시리꺼'에 비유했다. 본래 '시리'라는 말은 '매우 예리하다'는 뜻을 지닌 말이다.

마윈을 '시리꺼'라고 한 이유는 촌철살인 같은 그의 짤막한 연설이 수많은 사람을 움찔하게 만든다는 것이었다.

그러자 네티즌들이 '마윈은 시리꺼다!'라고 퍼 나르면서 유명세를 타고 중국 대륙을 휩쓸었다. 그가 왜 그런 놀림을 받았을까?

바로 그의 예리한 연설, 곧 혀 때문이었다.

마윈이 '시리꺼'라고 한참 놀림을 받고 있을 시기에, 가전제품

판매업으로 한때 큰돈을 모았던 여인이 호텔 사업에 손을 댔다가 몽땅 까먹은 뒤 마윈을 찾아와서 상담을 요청하였다.

"자고로 남자는 사업을 잘못할까 봐 걱정이고, 여자는 결혼을 잘못할까 봐 근심인데, 나는 사업 아이템을 잘못 고른 것일까요, 아니면 사업 운이 없는 것일까요? 앞으로 제가 어찌해야 될까요?"

여인은 애걸하듯 말하면서 좋은 이야기를 부탁한다고 매달렸다. 마윈은 역시 예리한 혀로 명쾌한 대답을 해주었다.

"아이템 문제가 아니라, 자신이 무얼 해야 좋을지도 모르면서 이것저것 마구 손댄 것이 문제랍니다."

이를 언중유골言中有骨이라고 한다. 예사로운 말 속에 단단한 뼈가 들어 있다는 말로서, 예리한 말 속에 뼈가 숨어 있음을 가리킨다. 이 말은 토론회 같은 장소에서 이치에 닿지 않거나 사리에 맞지 않은 얼토당토않은 말을 하는 사람에게 허튼소리 말라고 침을 놓을 때 흔히 인용한다.

마윈의 생김새에 대해서 말하는 사람들이 많다. 그 말들은 미남이라는 것이 아니라. "외계인을 닮았다."라거나 "원숭이 같다."하면서 조롱하는 말들이다. 사람들은 남을 평가할 때 외모나 옷차림, 그리고 언어와 행동을 흔히 잣대로 삼는다.

그걸 마윈도 잘 알고 있다. 그는 사람들 앞에서 스스로 자신의 외모를 가끔 풍자한다.

"비쩍 마른 데다가 참 못생겼죠. 하지만 남자의 외모와 능력은 정반대인 경우가 많아요."

자기에 대해 너무나 솔직하게 평가하고 있다. 마윈의 얼굴은 보통 사람들처럼 표준형의 평범한 인상이 아니다. 외계인 같기도 하고 원숭이처럼 생겼다는 농담을 듣는 것도 무리는 아니다. 그런 데도 마윈은 그런 우스갯소리를 잘 받아넘긴다.

그런 농담거리도 강한 의지와 풍부한 유머로 웃겨버린다. 남들이 조롱하는 외모에 대해 자기 스스로 유머스럽게 이야기할 수 있다는 것은 그만큼 정신력이 강하고 마음의 폭이 넓고 또 강인한 마음을 지니고 있다는 자신감을 보여주는 것이다.

그에게는 적절한 유머 능력이 뛰어나다. 놀림거리도 유머 한 마디로 날려버리는 지혜로움이 있다. 그만큼 대응하는 능력이 뛰어나고 재치가 넘친다. 그렇게 융통성이 넓고 큰 사람이 되려면 우선 마음의 그릇이 커야 한다. 그리고 많은 사람이 쓰고 있는 세속적인 것들을 초월할 수 있는 관대함과 거절할 수 있는 도량을 길러야 한다.

그에게는 성공담을 들려 달라는 인터뷰 요청이 많다. 그럴 때마다 강조하는 말이 있다.

"나는 아이큐IQ가 별로 높지 않다. 수능시험 수학 문제에서 겨우 1점을 받았고 대학 입시에도 두 번이나 떨어지고 세 번째 들어갔으니까. 그런데도 언론에서 마윈은 똑똑하다, 천재다 어쩌다 하면 참으로 민망하다.

나는 가난한 집 아들이다. 잘생긴 얼굴도 아니고 사회적 배경도 없다. 하지만 청년들에게 지금의 나를 보라고 자신 있게 말해주고 싶다. 나와 같이 평범한 사람도 성공했는데, 나보다 여건이 좋은 여러분들은 모두 성공할 가능성이 충분하다."

사람은 누구나 벌거벗은 알몸에 비슷한 모습으로 태어난다. 날 때부터 썩 잘생긴 얼굴은 없다. 자라면서 얼굴이 예뻐지고 개성을 지니며 아름다워진다고 강조한다.

마윈이 가끔 인용하는 재미있는 이야기가 또 있다. 그 이야기는 중국에서 1911년 일어난 신해혁명辛亥革命 때 혁명에 가담하였던 혁명가가 중학교 교감으로 근무할 때의 이야기이다.

멋 부리기를 유별나게 좋아하던 중학생이 교실에서 친구의 물건을 훔쳤다. 교감 선생님이 그 학생을 교무실로 불러 조용한 목소리로 물었다.

"내가 왜 너를 불렀는지 아느냐?"

"모릅니다."

"너에게 좋은 소식을 전해주마, 내가 좀도둑을 하나 잡았거든."

학생은 깜짝 놀라며 교감 선생님에게 물었다.

"그 좀도둑이 지금 어디 있습니까?"

교감 선생님은 학생에게 손거울을 주면서 말했다.

"좀도둑은 그 손거울 안에 있단다. 먼저 생김새를 보고 그 다음에 영혼을 보아라."

그 학생은 손거울을 보지 않은 채 고개를 들지 못하고 눈물을 흘렸다. 그러자 교감 선생님은 야단치지 않고 다정한 목소리로 울고 있는 학생을 달래주었다.

"꽃거지를 흉내 내지 마라. 거울은 있는 그대로 보여준다. 사람은 외모에도 신경을 써야 하지만, 그 마음과 영혼을 살펴야 한다. 맑은 마음, 밝은 영혼을 가진 사람만이 학문을 바르게 닦아서 훌륭한 인재가 될 수 있다."

신해혁명 辛亥革命

| 신해혁명 당시 사진

1911년 신해년에 중국에서 일어난 부르주아 민주주의 혁명. 제 1혁명 또는 민국혁명이라고도 한다. 이 혁명으로 300년 역사를 이어온 청나라가 멸망했다. 2000년 동안 이어온 전제정치專制政治가 무너지고 중화민국이 탄생하였다.

결코 포기하지 마라

마윈은 중소기업이 살아남기 위해서는 생존 전략을 잘 짜야 한다고 강조한다. 그 전략은 돈 벌기에 달려 있다.

사업을 하다 보면 예상하지 못한 여러 가지 난관에 부딪히게 된다. 그 난관이 큰 것도 있고 작은 것도 있다. 어떤 것이나 피할 수 없고 반드시 해결하고 넘어가야 다음 단계가 열린다. 이때 힘들고 어렵다고 포기하면 앞으로 나아갈 수 없다. 힘들고 괴로워도 포기하지 말고 해결해야 한다.

"가장 큰 실패는 위기에서 주저앉고 포기하는 것이다. 어려운 환경에서 성공하는 사람이 가장 위대한 승리자요, 진정한 영웅이다."

"결코 포기하지 마라."라는 말은 지구촌을 다스리는 많은 사람이 즐겨 쓰고 있다. 영국 수상 처칠도, 프랑스의 영웅 나폴레옹도,

독일의 독재자 히틀러도 그렇게 말했고, 세계적인 과학자 아인슈타인과 에디슨도 그렇게 말했으며, 한국의 김구와 안중근 의사 등 수많은 독립 운동가도 이구동성으로 모두 강조한 말이다.

마윈도 그런 사람 중의 한 명이다. "결코 포기하지 마라."라는 마윈의 외침은 그냥 하는 소리가 아니다. 그가 평소에 느끼고 생각하며 경험한 가운데 터득한 진리이다.

그는 엄청난 돈을 벌어들인 갑부지만, 호화롭고 과장된 삶을 살지 않고, 보통 사람들과 똑같은 평범한 삶을 이어간다. 오직 일에만 열정을 쏟아 붓고 이웃을 사랑하며 이웃과 함께 웃고 슬퍼하는 인생살이를 이어 간다.

그는 창업하겠다며 성공담을 들려 달라는 젊은이들에게 언제나 똑같은 말로 강조한다.

"나에게서 창업 노하우를 배워서는 안 된다. 여러분은 내가 경영하는 알리바바나 타오바오 같은 회사를 본떠서 만들 수는 있어도 똑같은 회사, 똑같은 사업을 이끌어 갈 수는 없다. 그건 이미 내가 앞서 달려가고 있기 때문이다. 그렇다면 무엇을 배워야 할까? 문제는 간단하다. 큰 꿈과 강한 독립 정신, 바로 투지의 정신이다."

이 말은 이뤄낼 수 없는 허황된 꿈을 가지라는 것은 아니다. 커다란 목표를 가진 사람은 포부가 크고 앞을 멀리 내다보면서 큰 꿈을 가지고 그 꿈을 실현하고자 노력한다. 그래서 더 많은 것, 더 큰 것을 이뤄낼 수 있는 것이다.

마윈이 인터넷 쇼핑몰 알리바바를 처음 개설할 때의 일이다.

중국에서 만든 값싸고 좋은 제품을 인터넷에 올려서, 외국 여러 나라 소비자들이 그 제품을 구매하도록 유도하는 시스템으로 웹사이트를 만든다면 틀림없이 성공할 것이라고 생각했다.

"그렇다! 우리는 월드컵 축구의 예선을 치르지 않고 바로 본선으로 간다!"

그는 이 생각을 글로벌 전략 방침으로 정하고, 실천하는 일을 과감하게 진행하였다. 그러나 당시 인터넷의 핵심 기술과 자본은 중국이 아니라 미국과 유럽 나라 사람들이 손에 쥐고 있었다.

그래서 마윈은 외국의 선진 기술과 맞설 수 있는 방안을 연구하고 외국 시장에 대한 정보를 모으는 일부터 시작했다. 그러나 외국 시장의 문을 두드리는 일이 그렇게 호락호락하지 않았다.

외국 시장 정보를 수집하는 과정에서 깨달은 것은 글로벌 기업이 되려면 먼저 지구촌 사람들의 귀에 쏙 들어갈 수 있는 명칭이 중요하다는 것을 알아낸 것이다.

회사의 이름을 국제적인 것으로 지어야 한다는 말이다.

그의 생각은 적중했다. 뒷날 마윈은 그때의 상황을 설명했다.

"우리는 '알리바바'라는 이름을 내걸고 글로벌 전자상거래 시장을 상대로 중국 시장을 함께 키우는 전략은 전개했다. 알리바바는 글로벌 기업을 상징하는 멋진 브랜드가 되면서 글로벌 시장을 정확하게 관통했다."

그에게는 돈이 굴러 들어오는 것이 보였다. 세계를 향해 줄기차게 밀고 나아가야 한다는 자신감이 생겼다. 세계를 향해 더 힘차게 달려가자고 직원들에게 주문하고 강조했다.

돈을 번다는 단순한 목표를 초월하여 100년 동안 세계를 지배하는 알리바바를 만들어 가자고 외쳤다.

"이제 우리는 세계를 이끌어가는 기업, 미래를 바라보는 기업이 되어야 한다. 글로벌 시장을 계속 지배할 수 있는 힘을 길러야 한다."

그는 글로벌 시장을 정복하겠다는 큰 꿈을 실현하였고, 지구촌 사람들은 알리바바의 기적에 감탄하면서 계속 관심을 기울이고 있다.

실천력이 중요하다

사람들마다 새해가 시작되는 첫날이나 새로 학교에 입학할 때 등 특별한 날에 목표를 세운다. 보통 사람들은 목표를 세울 때에 손에 닿을 수 있을 만한 목표를 세우는 일이 많다. 하지만 그 보다 는 더 멀리 더 크게 내다볼 수 있는 목표를 세우는 사람이 큰 성공 을 할 수 있다.

단거리나 쇼트트랙 선수들은 속도전을 중심으로 목표를 정하 지만, 마라토너들은 42.195km라는 먼 거리를 달리기 위한 목표를 정해 놓고 연습을 한다. 쇼트트랙 선수가 장거리를 목표로 삼는다 거나, 마라토너가 단거리를 겨냥하여 연습을 한다면 모두 실패할 것이 분명하다. 근본부터 틀렸기 때문이다.

이처럼 목표를 세울 때는 분명하고도 정확하게 설정해야 실패를 하지 않고 목적을 달성할 수 있다.

마윈은 목표를 세우는 일에 대하여 이런 충고를 했다.

"목표를 세울 때에 너무 작거나 가까이 있는 것으로 삼지 말고, 크고 넓으며 멀리 잡아라. 작거나 가까이 있는 것으로 목표를 삼으면 정신적으로나 육체적으로 부담이 크고 조급해진다. 그럴 경우 능력을 발휘하기가 어렵다.

반대로 크고 넓으며 멀리 목표를 잡으면 마음의 준비를 체계적으로 할 수 있고 조급함도 덜어낼 수 있다. 그래서 목표를 달성할 수 있는 여유와 능력이 생기고 성공할 확률도 그만큼 커진다.

목표를 정할 때 너무 많은 것을 정하지 마라. 그건 하나도 없는 것과 마찬가지이다."

사람에게는 누구에게 욕심이 있다. 욕심이 많은 사람도 있고 욕심이 적은 사람도 있다. 욕심이 많다고 다 이루어지는 것도 아니며 욕심이 적다고 다 이루어지는 것도 아니다.

훌륭한 사냥꾼은 여러 마리 동물을 다 목표로 삼지 않고 오직 한 마리만을 겨냥한다. 동물들이 많다고 이것저것 다 겨냥하다가는 결국 하나도 못 잡는다.

마윈은 일단 목표가 설정되면 온 정신을 쏟아야 한다고 강조한다. 그는 기업을 발전시키는 비결을 이렇게 말했다.

"여러 가지로 다원화된 경영은 통일성이 약해져서 실효를 거두기가 어렵다. 하나부터 단계별로 올라가야 성공할 확률이 높다. 한 가지를 끝낸 뒤에 다음 단계로 넘어가라."

그는 창업 초기부터 자기의 기업만을 생각하지 않았다. 중국 경제 전체를 머릿속에 그려 넣었다. 그 그림은 민간 중소기업과 민간 경제가 함께 성장해야 중국 경제가 큰 힘을 낼 수 있다는 청사진이었다. 그 길은 서로 돕고 지원하는 것이라고 생각한 것이다. 그런 구상 아래 알리바바를 만들었다.

그래서 알라바바는 초창기부터 흔들림 없는 발전의 길을 달리게 되었다. 이는 바로 마윈이 생각한 하나의 목표, 공동의 이익을 추구하자는 생각이다. 그 생각이 본궤도로 올라서면서 정확하게 실현되었고, 알리바바가 글로벌 기업으로 성장하는 발판이 된 것이다.

언론에서 그에게 질문 공세를 퍼부었다.

"어떻게 중소기업과 함께 손잡고 국제화로 달려가겠다는 생각을 했는가?"

그의 대답은 역시 분명했다.

"오늘날 중국 기업들은 외국에서 그다지 환영을 받지 못하고 또한 신뢰도 얻지 못하고 있다는 것이 솔직하다. 거기엔 우리가 알아야 할 이유가 분명히 있는데 우리가 그걸 모른다는 것이다.

예를 들어, 미국으로 간다면 그들이 좋아할 만한 것을 갖고 가야 하는데 반대로 우리가 좋아하는 것을 가지고 간다. 국외로 진출한다는 의욕 하나만으로는 글로벌 시장을 파고들어 갈 수 없다는 것을 우리는 모르면서, 국외로 나아가고 있다. 그래서는 성공할 수 없다.”

창업과 영업은 별개가 아니라 하나라고 그는 강조한다. 강력한 의지, 투철한 욕망, 그리고 줄기찬 추진력 세 가지가 하나로 이어질 때 놀라운 힘을 발휘한다고 말한다.

목표가 분명하게 서 있지 않은 사업은 성공의 뿌리를 내리기가 무척 힘이 든다고 강조한다.

| 스티브 잡스

그는 “사람이 일생을 살아가는 동안 자기 욕심만큼 많은 일을 해낼 수 없다.”라는 스티브 잡스의 말을 자주 인용한다.

사실, 스티브 잡스는 IT 산업의 혁명을 일으킨 인물임이 틀림없다. 애플 시리즈로 뜨거운 사랑을 받으며 지구촌을 휘어잡았던 천재 잡스는 평생 전화로 세상을 바꿔 놓았지만 세상을 떠나기 전까지 아이폰 4S와 태블릿 PC인 아이패드 정도가 대표작으로 꼽힐 정도였다.

잡스의 애플 시리즈는 같은 모델, 동일한 색상으로 이어졌다는 것이 특징이다. 그런데 그 열광적인 찬사를 받았다는 것이 불가사의하다. 그의 애플 전략은 바로 집중과 전념 두 가지뿐이었다고 해도 지나침이 없다.

"많은 일을 하겠다는 욕심을 부리기 전에 지금 할 수 있는 일부터 미루지 말고 차근차근 해나가는 실천력이 더 중요하다."

사람에게는 능력의 한계가 반드시 따른다. 그래서 한 가지 일에 전념하는 것이 중요하다. 자신의 모든 능력과 열정을 그 한 가지에 쏟아 부을 수 있기 때문이다.

경쟁 사회인 오늘의 시대를 살아가는 사람들은 남녀노소를 가릴 것 없이 심한 경쟁의식으로 인해 스트레스, 피로, 무기력에 빠지기 쉽다. 어린이들은 과외로, 중·고등학생들은 수능 준비로 학창 시절을 거의 소모한다. 대학생이 되면 취업 걱정부터 해야 한다. 장년들은 자녀의 교육비에 모든 것을 걸다시피 한다. 노인들은 외롭고 쓸쓸한 생활 속에서 건강 문제로 고민한다. 모두가 숨가쁘게 살아간다.

무슨 일을 해야 좋을지, 어떤 일이 나에게 맞는지 알지 못하면서 방황하는 사람이 많다. 그래서 삶의 재미가 없고 여기저기 기웃거리며 허둥거린다.

"무엇인가를 하고 싶고 이루어내고 싶다면 몸과 마음을 한 곳으로 쏟아 부어라."

마윈은 강조한다.

목표를 제대로 정하지 못한 사람은 가는 길도 어지럽다. 목표를 분명하게 설정하고 열정을 다 쏟으면 세상의 주인공이 될 수 있지만, 그렇지 못하면 세상이 받아주지 않아서 나그네가 되어 헤매게 된다.

05 # 남을 따라가지 마라

중국 사람들은 상업적이 재능이 뛰어나다. 지구촌에 흩어져 사는 화교華僑들이 바로 그들이다. 화교는 중국을 떠나 지구촌 곳곳에서 사업을 하고 있는 중국 교포들이다. 그들은《상경商經》을 성경처럼 받든다.

《상경》은 19세기 후반기 중국 청나라 말기의 전설적인 큰 상인 호설암(胡雪巖, 후쉬에옌)의 수수께끼 같은 행적과 상업적인 기술을 밝혀 정리한 책이다. 중국 사람들은 호설암을 상성商聖이라고 존경한다. 상성은 상업적으로 위대한 업적을 쌓은 성인이라는 뜻이다.《상경》은 13억 중국인에게 경영 정신이 된 최고의 경전이다.

그는 1823년 중국 적계에서 천민의 아들로 태어나 일찍 아버지를 여의고 열두 살 때 홀어머니 슬하를 떠나 항저우로 갔다. 고생

끝에 고리대금업자(현재의 사설 은행)의 도제(조수)가 되어 주인의 차茶를 끓이는 일부터 청소와 잡일을 모두 감당하면서 상업적 기술을 익혔다.

그때 중국은 태평천국의 난 등으로 개혁과 변혁의 소용돌이 속에서 매우 혼란스러웠다. 그런 시대적 혼란을 이용해 탁월한 지략으로 신화와 같은 드라마를 연출하며 거대한 재산을 형성했다. 그러나 그의 행적은 베일에 가려진 채 수수께끼 같은 삶을 살아왔다.

그런 호설암을 중국 사람들은 봉건주의 사회의 마지막 위대한 거상이라며 찬사를 아끼지 않는다. 국가에서도 그에게 정식으로 정2품 벼슬을 내렸다. 상인이었지만 나라에 기여한 공로가 크다고 인정했던 것이다. 그는 벼슬살이를 한 적이 없는데도 정2품의 높은 벼슬을 내리자 벼슬에 대한 감사함을 상징하는 뜻으로 붉은색 산호가 박힌 모자를 쓰고 다녔다. 그래서 사람들이 그를 '홍정상인紅頂商人'이라 불렀다.

호설암은 "최고의 기회는 사람을 얻는 것이다."라면서 이런 말을 남겼다.

"나는 본래 가난하고 비천한 집에서 태어났다. 아버지가 일찍 돌아가신 뒤 가족을 이끌기 위해 어느 고리대금업자 밑에서 도제로 일을 하였다. 그의 조수로 일하는 동안 주인의 차茶를 끓이는 일부터 청소와 잡일을 모두 감당하였다.

　나는 항상 언젠가는 독립해야 한다는 각오로 힘든 일도 마다하지 않았다. 그런 각오가 있었기에 마침내 독립하였다.

　돈의 쓰임보다 중요한 것은 적절한 기회와 인물을 잘 선택해야 한다는 것을 깨달았다. 남에게 없는 것을 팔고, 남들이 가지고 있는 것에는 그보다 더 좋은 것을 팔고, 남에게 좋은 것이 있다면 특별한 것을 팔아라.”

　마윈은 호설암을 존경하고 《상경》 책이 너덜너덜할 정도로 읽고 또 읽었다. 그 안에 기업가의 덕목과 상업적 기술이 고스란히 담겨 있기 때문이다. 그와 함께 옛날 그리스의 철학자 소크라테스가 남긴 말 “다른 사람들의 길을 잘 파악하면 자신의 인생길을 더 확실하게 보장할 수 있다.”라는 격언도 늘 간직하면서 회사를 이끌고 있다.

　사업은 크건 작건 모두 정성을 쏟아야 한다는 것이 그의 신념이다. 작은 사업일수록 더 많은 정성을 기울여야 경쟁에서 이기고 소득을 올릴 수 있다는 것이다. 남들이 하는 대로 따라가면 항상 뒤만 따르게 되어 결국에는 뒤처지고 앞으로 나아가지 못한다고 그는 강조한다. 그는 창업을 준비하는 사람들에게 늘 이런 말을 들려준다.

"독특하게 하라. 그리고 색다르게 경영하라. 경쟁자를 앞지르지 못하는 사업을 가장 경계하라."

1999년 봄, 중국에서는 인터넷 시대가 활짝 열렸다. 한 달 사이에 무려 1,000개의 업체가 문을 연 것이다. 이런 흐름을 타고 전자상거래 사업을 구상하던 마윈은 중소기업들이 생산 제품을 판매할 수 있는 웹사이트를 개설하였다.

그런 다음 베이징에서 전개하던 사업을 정리하고 동료들과 함께 만리장성에 올랐다. 홀가분 마음으로 관광이나 즐기자는 것이었다. 그곳에서 뜻밖의 글귀를 발견하였다. 글귀는 '누구누구가 왔다 갔다'라는 낙서들이다.

"아! 바로 저것이다!"

마윈은 가슴을 탁 치며 중얼거렸다. 그 낙서에서 BBS라는 사업의 영감을 얻은 것이다. 이는 엄청난 행운을 잡은 셈이다.

그런 뒤에 동료 직원들과 함께 항저우로 내려가 본격적인 사업을 전개하였다. 이로써 마윈은 글로벌 세계를 무대로 사업을 확장하는 역사적인 출발을 하면서 인터넷 업계를 선도하는 CEO로서 알리바바의 성공 신화를 쓰기 시작하였다.

전설적인 상인 호설암 胡雪巖, 후쉬에옌

봉건사회 중국의 마지막 민족 자본가 호설암1823년~1885년은 상인으로서는 처음으로 청나라 황제로부터 벼슬을 받았으며, 벼슬에 대한 감사함을 상징하는 뜻으로 붉은색 산호가 박힌 모자를 쓰고 다닌다 해서 '홍정상인'이라고 불렀다.

| 호설암

호설암의 흥망성쇠에는 시대 상황이 배어 있다. 살아 있을 때는 활재신活財神, 죽은 뒤에는 상신商神으로 불렸다. 법을 어기는 요소가 가득한 검은돈은 스스로 경계했고, 신의와 양심을 저버리면서까지 치부하려 하지는 않았다.

가난한 농가에서 태어나 12세 무렵 부친 사후 저장성 항저우 소재 신호전장근대 사설은행에 견습 사환으로 들어갔다. 3년 견습 후 사환으로 승격되어 능력을 발휘하였다.

능력은 뛰어나지만 기회를 잡지 못하고 있던 유학자 왕유령에게 수금한 돈 500냥을 담보도 없이 빌려주는 대담함을 보였다. 그와 손잡고 저장성 관아의 돈을 밑천 삼아 금융업을 시작하였다. 중국 여러 성에 20여 개의 점포를 열었고 저장성 군량미 운반과 병기 군납을 독점했으며 비단, 찻집, 음식점 등을 열어 큰 부자가 되었다. 단 10년 만에 이뤄낸 일이다. 어머니의 조언으로 약국 호경여당胡慶餘堂을 열고 좋은 품질의 약을 공급하고 빈민 구제에 나서 유명인사가 되었다.

중국 사람들은 민족 자본가로서의 자존심을 지켜나간 그를 가장 존경하는 상인으로 부른다. 뛰어난 문호 루쉰魯迅조차 그를 '봉건 사회의 마지막 위대한 상인'이라고 격찬하였다. 각지에서 수해나 가뭄이 일어나면 의복, 쌀, 금전 등 구호물자를 아낌없이 보냈으며 어려운 사람이 있으면 이를 반드시 도왔다. 오늘날 상당수 양심적인 대기업들은 상인의 자존심과 사회적 책임을 실천한 인물로 존경받는다.

BBS 전자 게시판

BBS는 Bulletin Board System의 머리글자로, 전자 게시판을 의미한다. 호스트 컴퓨터를 매개로 불특정 이용자들에게 특정 정보나 제품의 조회 열람 등을 할 수 있는 열린 통신을 가능하게 할 수 있는 시스템이다.

성공의 지름길은 없다

대부분의 사람들은 자기의 잘못을 남에게 돌리는 습성이 있다. 자기의 잘못을 깨닫고 고치려 하지 않고 남의 탓, 환경 탓을 하다 보면 자기도 모르게 타성에 젖어 습관으로 굳어진다.

그러면서도 자기 생각대로 환경이 바뀌고 세상이 변화되기를 바란다. 그렇지만 환경이나 세상은 어떤 한 사람의 생각처럼 그렇게 쉽게 바뀌지 않는다.

마윈이 말하기를 "나는 사소한 일에도 불평하는 사람, 고칠 수 있는 작은 일도 남에게 미루면서 불만을 터뜨리는 사람들을 수없이 보아왔다. 그들은 하나같이 사회가 잘못 돌아가고 있다고 투덜거렸다. 그 투덜거림이나 불평불만이 자기와는 아무런 관계도 없는데 말이다. 그런 태도부터 고쳐야 한다."라고 했다.

그는 중국이라는 나라가 참으로 이상한 나라라고 생각하고 있다. 특히 1960년대가 그랬다고 말한다.

그때 중국의 지도자들은 입버릇처럼 중국을 바꾸고 세계를 바꾸겠다고 약속하듯 외쳤다. 그때는 그런 외침이 곧 실천으로 옮겨지는 것으로 여겼다. 그래서 참으로 위대하다고 생각했는데, 별로 바뀐 것이 없었다.

문제는 그렇게 외치는 사람 자신들조차 전혀 바뀐 것이 없었다는 데에 문제가 있었다. 환경을 바꾸고 세상을 바꾸겠다는 것은 주장만으로 되는 것이 아니라 스스로를 바꿀 때 이루어지는 것이다.

소크라테스는 '너 자신을 알라'고 외쳤지만 '나 자신의 생각부터 바꾸라'고 권하고 싶다고 그는 말했다. 다른 사람을 변화시키고자 한다면 먼저 자신부터 바뀌어야 한다는 것이 그의 생각이다.

마윈은 영국 런던의 웨스트민스터 사원 지하 무덤을 예로 들었다. 그가 웨스트민스터 사원 지하의 엄청난 납골당 공동묘지를 보고 느낀 경험이다. 바닥과 벽들이 모두 역사상의 위대한 인물들의 무덤과 묘비와 기념비로 꽉 채워져 있다. 그 수많은 비석 가운데 널리 알려진 유명한 비석의 비문을 예로 들려준 것이다. 그 비문은 이렇다.

내가 어렸을 적에 나의 상상력은 어떤 제약도 받지 않았다. 그때 나의 꿈은 세상을 바꾸는 것이었다. 어른이 된 뒤 나는 이 세상을 바꿀 수 없다는 것을 알았다. 그래서 눈높이를 낮춰 우리나라를 바꾸기로 결심했다.

노인이 된 뒤에는 나라를 바꿀 수 없다는 것을 알았다. 나의 마지막 소망은 나의 가정을 바꾸는 것뿐이다. 하지만 그것도 불가능했다. 침대에 누워 꼼짝도 못할 때 나는 불현듯 깨달았다. 처음부터 나 자신을 바꾸었다면 내 가족도 바뀌고 가족들의 도움으로 나라를 위해 무언가 할 수 있었을 텐데, 누가 아는가? 그러다가 이 세상까지 바꾸었을지.

마윈은 세상을 바꾸겠다고 생각하는 사람은 자기 자신부터 바꾸어야 한다고 권고했다. 중국 격언에 '수신제가치국평천하修身齊家治國平天下'라는 말이 있다. 몸과 마음을 닦고 집안을 다스린 뒤에 나라를 다스려야 천하를 편안하게 할 수 있는 가르침이다. 이 말은 세상을 바꾸려고 한다면 먼저 자신부터 바꾸라는 충고이다.

아무리 훌륭한 사람이라 해도 자기 뜻대로 세상을 바꾸고 사물을 바꿔 놓을 수는 없다. 남의 잘못을 손가락질하기 전에 자기에게 돌아올지 모르는 허물부터 고쳐야 한다.

　이 세상에서 다른 사람을 바꾼다는 것을 정말로 불가능하다. 다른 사람의 잘못을 탓하거나 비방할 시간이 있다면 그 시간에 자기 자신을 돌아보고 자기의 행적을 살펴보는 것이 현명하다. 그렇게 함으로써 스스로를 바꿀 수 있고 또한 바뀌게 된다.

변화의 날개는 계속된다

세상은 무서운 속도로 변하고 있다. 어제가 옛날처럼 빠르게 흘러간다. 학생들은 작년에 쓰던 것을 올해는 쓰기 어려운 정도이다. 끊임없이 변하는 세상에서는 항상 새로운 생각을 하는 기업이 발전하고 그렇지 못한 업체는 뒤로 밀려 나거나 망하게 된다.

마윈은 창업을 구상하는 사람들에게 이렇게 말한다.

"발전하는 세계는 힘으로 통치하는 시대에서 혁신이 지배하는 시대로 서서히 바뀌고 있다. 변화의 물결이 빠른 시대에서 꼭 성공하고 싶다면 새로운 길을 개척하라. 과거에 성공한 사람들의 길을 따라가려고 서두르지 말고 혁신의 길을 모색하라."

그의 주변 사람들은 마윈을 어떻게 평가하고 있을까?

"마윈은 뛰어난 아이디어맨이다. 그는 날마다 새로운 것을 쏟아내는 아이디어 천재 박사이다. 만일 3일 동안 한 건의 아이디어도 생각해 내지 못한다면 좀이 쑤셔서 안달하다가 죽고 말 것 같은 사람이다."

그 말에 마윈도 공감하고 있다.

"맞는 말이다. 혁신적인 아이디어를 생각해 내지 못한다면 나는 아무 쓸모도 없는 사람, 존재 가치도 없는 그런 사람이 될 것이다."

혁신을 무엇보다도 중요하게 여기는 사람이 마윈이다. 그런 면모는 알리바바의 발전 과정 속에 그대로 담겨져 있다. 알리바바를 처음 시작할 때 반년 동안 방안에 틀어 박혀서 사업 프로젝트를 짜고 프로그램을 만들었다. 그렇게 정성을 쏟아 만들어낸 알리바바는 전 세계 어디에도 없는 매우 독특한 것이었다.

알리바바의 첫 번째 혁신성은 무료 서비스였다. 이는 먼저 사업을 시작한 선발 기업은 말할 것도 없고 다른 경쟁 업체들도 미처 생각도 못한 일이다. 세상에 사업을 시작하면서 공짜로 서비스를 하겠다는 발상 자체가 혁신적이었다.

그러나 사람들의 처음 반응은 싸늘했다.

"공짜 서비스라고? 부실한 프로그램 아닐까?"

"마윈? 그 사람 믿을 만한가?"

의심 많기로 소문난 중소기업인들이 의아한 시선으로 바라보

았다. 마윈이 설명했
다.

| 알리바바 본사

"무조건 믿어라. 공
짜 서비스 틀림없다.
겨우 10% 안팎을 만
들어 놓은 상태에서
돈 벌겠다는 생각은 절대로 하지 않고 있다. 우리는 중소기업들이
알리바바를 통해 저절로 돈이 굴러 들어오도록 플랫폼을 제공하
자는 것뿐이다. 이 웹사이트 회원이 500만 명이 되면 돈은 저절로
들어올 것이다."

또한, 은행과 손을 잡고 중소기업 이하의 소상공인들에게 소액
대출을 제공했다. 이것도 유례가 없는 혁신적인 일이다. 더 높은
곳을 향해 변화의 날개를 펄럭거리며 날아올랐다.

회원으로 가입만 하면 알리바바 웹사이트에서 제품 정보, 판매
유통과 구매 방식 등 여러 가지 정보를 얻을 수 있다. 그런 공짜
서비스로 초창기에 동참한 세계적인 정보가 32개 분야 700여 제
품에 이르렀다.

그뿐만이 아니다. 마윈은 알리바바를 통해 '클럽 1688'이라는
상우회를 만들어 운영하였다. 처음에는 활용하는 사람들이 거의

없어서 직원들이 이용하는 정도로 뜸했으나 시간이 흐르면서 이용자가 크게 늘어나 지금은 사업자들이 가장 많이 즐겨 활용하는 인터넷 매체로 올라섰다.

그는 외쳤다.

"인터넷이 이렇게 놀라운 발전을 거듭할 수 있게 된 배경은 우수한 기술의 덕이다. 기술상의 혁신이 없었다면 인터넷은 알맹이 없는 빈 쭉정이일 뿐이다. 우리 회사는 엔지니어들을 전면에 등장시키지는 않는다. 그러나 이들이 알리바바의 가장 핵심적인 직원들이라는 사실만은 분명하다."

더구나 알리바바는 미국의 세계적인 대학교인 하버드대학교 경영대학원 MBA 과정의 기업 성공 사례에 포함된 것을 비롯해 미국의 10대 유명 대학교 대학원의 연구 대상이 되었다.

Jack Ma

04

생각 키우기

 # 진실은 힘이다

거짓말을 하기는 쉽지만, 진실을 말하기는 어렵다. 그래서 진실은 힘이라고 말한다. 진실을 말하는 사람은 신뢰를 받지만, 거짓말을 하는 사람은 신용을 잃는다. 진실을 말하는 데는 용기와 지혜가 필요하다.

네티즌 한 사람이 마윈에게 질문하였다.

"알리바바는 홍보를 잘한다고 생각한다. 외국 여행 중에 처음 본 뉴스가 바로 알리바바에 관한 것이었다. 그 비결이 궁금한데 어떤 것인가?"

마윈의 대답은 너무나 간단했다.

"비결은 진실이다! 언제나 진실을 말하는 것이다."

그 말을 풀이하면, 언제 어디서나 늘 마음속에 있는 진실을 말해야 사람들이 인정해 준다는 것이다.

흔히 사람들은 TV나 신문 인터뷰를 할 때 자신의 인기를 높이기 위해 사실과는 다른 이야기로 자신을 포장해 사람들은 속이는 경우가 있는데, 그래서는 안 된다고 꼬집는다.

그런 사람들은 자기가 한 말, 진실하지 못한 말이 어떤 파문을 일으킬지는 생각하지 않는다. 그래서 자기가 한 말도 금세 잊어버린다. 그런 이유는 그 말이 진실하지 않기 때문이다.

2003년 어느 날, 마윈은 TV 토크쇼 프로그램 '부자의 인생'에 출연하여 이렇게 말한 적이 있다.

"부자의 인생이라고 해서 특별한 것은 없다. 근면·성실·정직함이 그 전부이다. 만일에 시청자들이 거짓말을 듣고자 원한다면 쉽게 말할 수 있다. 그러나 그건 거짓말이기 때문에 생명력이 없다.

오늘 이 방송에 출연한 여러분이나 이 방송을 보고 있는 시청자들은 거짓말보다는 진실을 듣고자 할 것이다. 진실의 힘은 강하고 또 정직한 소통이니까. 세상에서 가장 어렵고 까다로운 일은 진실을 말하는 것이다. 또 가장 쉬운 일도 역시 진실을 말하는 것이다. 진실 안에는 어떤 속임수도 들어갈 수 없기 때문이다. 그러나 거짓말을 하려면 가슴이 떨리고 얼굴이 붉어진다. 자신의 마음부터 속여야 하니까."

| 하버드대학교

그가 미국 하버드대학교 초청을 받았을 때 학생들에게 들려준 이야기는 너무나 유명하다.

"진실을 말할 때 상대방이 쉽게 받아들인다. 그러나 거짓말을 하면 즉시 조소가 일어난다. 하버드는 우수한 예비 인재들이 많다. 그런데도 한쪽으로는 똑똑한 사람을 거절했다. 나는 하버드에 올 때마다 달콤한 이야기보다는 듣기 싫은 소리를 한다. 그런 까닭은 하버드를 사랑하기 때문이다. 하기 싫은 말을 숨기고 듣기 싫은 말을 하지 않는다면 관심과 사랑이 식어진 것이다."

사실 그는 하버드대학교에 유학 원서를 냈지만 거절당한 일이 있다. 그래도 하버드를 동경하고 사랑한다고 말한다.

그가 말하는 진실의 핵심은 많은 사람들에게 용기를 주고 실행에 옮길 수 있도록 한다는 것에 바탕을 두고 있다. 진실을 실행하지 않는다면 그 가치가 없다는 것이다. 알리바바가 좋은 평가를 받고 있는 것도 진실을 근본으로 삼고 있기 때문이다.

"용기 있게 진실을 말하고, 거짓말은 절대로 하지 마라!"

거짓말은 속임수를 낳고 속임수는 불신을 가져온다는 것이 마윈의 신념이다.

사업이 번창하고 기업의 규모가 커지면 처음에 생각했던 방향과는 다른 길로 가는 경향이 생긴다. 이에 대해 마윈은 초심을 지켜야 한다고 강조했다.

"1970년이 저물어갈 때, 나는 내가 항저우 사범대학교에서 영어 공부를 하는 학생이었다. 서호 호수 부근에서 국민체조를 하고 있는데 어느 외국인들이 감동하기에 나는 그들에게 국민체조를 가르쳐 주었다. 체조가 끝난 뒤 뒤를 돌아보았는데, 그들도 뒤를 돌아다보는 것이다. 내가 웃으니까 그들도 따라 웃었다. 그들은 내가 하는 대로 따라 하는 것이다. 다음 날도 그들에게 체조를 가르쳐 주었다. 그날도 그들은 내가 하는 대로 따라 하였다. 이건 습관이다."

습관은 우연히 찾아들고 한 번 찾아들면 쉽게 떠나지 않는다. 처음에는 아무렇지도 않지만 시간이 흐를수록 굳어지고 고치기도 어렵다.

마윈은 알리바바가 계속 제자리를 맴돌고 있다고 생각한다. 몇 년의 세월이 지났는데도 성과가 보이지 않는다고 말한다. 눈에 띄는 성과가 없다는 말이다.

그래서 전략 회의를 하고 새로운 아이디어를 찾고자 머리를 맞댔다. 이미 좋다는 전략을 거의 다 동원하였고 실천에 옮겨 보았지만 뚜렷한 성과를 거두지는 못했다.

결론은 간단했다.

"모두가 하나처럼 행동하고 도전하는 것이 중요하다."

그 이유를 폐쇄적인 생각, 잘못된 습관 탓이라고 판단했지만 몇 년 동안 해온 습관을 버리는 일이 쉽지 않았다.

그때 마윈은 재미있는 이야기가 생각났다. 몇 년 전에 장씨의 아내가 아기를 낳았는데 좋은 이름을 지어 준다고 글자를 고르는 바람에 1주일이 지나도록 좋은 이름을 짓지 못하였다는 이야기가 생각난 것이다.

그때 할아버지가 와서 손자의 이름으로 영永과 보寶 두 글자를 적어 주며 마지막 한 글자를 골라 지으라고 하였다. 영과 보, 두 글자가 모두 좋아서 뒤에 붙일 한 글자를 고르기가 더 어려워졌다. 그래서 두 글자를 앞뒤로 붙여 보았다.

'장영보?' '장보영?'

성씨는 바꿀 수 없으니까 결국 이름은 정해진 것이나 마찬가지다. '장영보'가 아니면 '장보영'이라고 할 수밖에 없는 노릇이다.

마윈은 지금 알리바바의 처지가 바로 장영보냐, 아니면 장보영이냐와 같다는 말을 했다.

이처럼 실제 사례 이야기를 자유롭게 구사하는 솜씨가 뛰어난 마윈이지만, 어떤 결단을 내리는 데는 무척 신중하고 또 신중을 기했다. 그것이 알리바바를 세계적인 글로벌 기업으로 키우는 힘이고 바탕이 되고 있다.

말로 감동을 줘라

2008년 12월, 그는 중국 기업가 연말 회의에 참석하였다. 회의가 열리기 며칠 전에 글로벌 경제 위기라는 주제로 연설해 달라는 부탁을 미리 받았다.

연설 주제를 생각하고 있던 그는 좋은 생각이 떠오르지 않아 당일 아침까지도 무슨 연설을 해야 하나? 하고 고민에 빠졌다.

그런데 참으로 우연하게 좋은 주제가 떠올랐다. 회의가 열리는 날 아침, 비서가 건네준 아침 신문에서 베이징의 어느 호수에 갇혀 있는 오리 이야기 기사를 보았다. 그 기사가 뇌리를 스치고 지나갔다.

"옳지! 호수에 갇힌 오리 이야기를 들려줘야겠다."

마윈은 그런 생각을 가지고 회의에 참석하여 아주 평범하고도 쉬운 말로 연설을 시작하였다.

"존경하는 기업인 여러분! 저는 오늘 아침 신문에서 호수에 갇힌 멍청한 오리 기사를 읽었습니다. 날씨가 갑자기 추워지면서 호숫물이 꽁꽁 얼어붙는 바람에 한가롭게 물놀이를 즐기던 오리가 얼음에 갇혀 꼼짝도 못하게 되었죠. 다른 오리들은 날씨가 추워지자 모두 호수에서 나왔는데 그 멍청한 오리는 나오지 않고 있다가 얼음에 갇혀 버린 것입니다. 미리 준비하지 못한 탓에 얼음에 갇혀 버렸어요. 금융 위기나 경제 한파도 이와 마찬가지입니다. 미리 준비하고 안전을 챙겨야 합니다. 저는 지난여름에 글로벌 경제 위기가 서서히 다가오고 있다고 이미 밝혔습니다.

그러나 그때 대부분 사람들은 무슨 일이 생길지 또 어떤 대처를 해야 하는지 몰랐어요. 위기라는 말만 있었지 실제 상황이 아니었으니까요. 글로벌 경제 위기는 검은 구름을 타고 서서히 다가오고 있으나 아직은 굵은 빗줄기를 뿌리는 소나기는 아닙니다.

우리 모두가 지혜를 모아 슬기롭게 대처하면서 지켜보고 있으니 검은 구름도 서서히 사라지고 조금씩 좋아질 것입니다."

마윈은 전문용어를 되도록 사용하지 않는다. 듣는 사람들이 부담을 가지게 된다는 이유에서다. 그래서 어렵고 까다로운 전문용어 대신에 쉽고 평범한 단어나 보통 사람들이 일상생활에서 즐겨 쓰는 말들을 많이 인용한다.

그렇게 함으로써 더 많은 사람이 좋아하고 호감을 가지면서 신뢰하는 정이 깊어진다는 사실을 스스로 느끼고 깨닫고 있는 것이다.

마윈은 새로 입사한 직원들에게 이런 말을 들려준다.

"우리 회사는 승진의 기회와 연봉 인상이 보장되어 있지 않다. 그러나 여러분의 회사다. 일을 아주 많이 성실하게 해야 한다는 것만은 확실한 회사이다. 여러분이 주인이니까."

오래 근무한 고참 직원들에게 늘 하는 말이 또 있다.

"여러분은 알리바바의 가장 소중한 기둥이다. 기둥이 없는 건물은 쓰러지고 만다. 여러분들이 이토록 오랫 동안 회사에 근무하고 열심히 일한다는 것에 나를 포함하여 신입사원 모두가 감동하고 있다. 고참 직원이 많다는 것은 바로 알리바바의 힘이자 자산이다. 여러분의 낯익은 얼굴을 볼 때마다 알리바바가 계속 발전해 나아갈 수 있다는 믿음이 샘솟고 열정이 일어난다."

그는 2006년도 신년사에서 올해는 보너스를 한 푼도 받지 않겠다고 선언한 일이 있다. 보너스를 생각하지 않고 오직 일에만 열성을 다 바쳐 회사를 발전시키겠다는 굳은 의지를 미리 밝힌 것이다.

그는 이 약속을 지켰다. 그래서 더욱 유명해졌다.

그러자 마윈은 자신의 마음을 털어놓았다.

"보너스는 열심히 일한 것에 대한 보답이다. 나는 보너스를 받을 만큼 만족스럽게 일한 것 같지 않다. 갑자기 유명해지고 나니까 겁부터 난다. 모두가 나의 언행을 지켜보기 때문에 호프집에도 마음대로 드나들 수 없고, 아무나 만날 수도 없다. 모르는 사람에게도 말을 걸고 이야기를 들어 보고 싶은데 행동이 무척 부자유스럽다. 유명세에 대한 보상이 너무 가혹하다. 이는 아주 불행한 일이다."

중국 대륙을 넘어 글로벌 사회를 지배하려는 마윈은 국제 인터넷 업계에서는 확실히 거물이다. 그러나 그의 외모나 말투에서 보면 어린이와 별반 다름이 없어 보인다. 인터넷 사업을 이끄는 회장이라는 직함을 잠시 접어 두고 본다면 꾸밈이 없고 솔직하고 보통 사람들과 비슷한 생각을 하고 있기 때문이다.

거기다가 소박함과 편안함을 주는 사람, 자신의 감정을 숨기려하지 않고 거침없이 드러내는 사람, 용기 있게 바른말을 잘하는 사람으로 유명하다.

흔히 아나운서나 변호사들은 말을 잘하는 사람이라고 일컫는다. 그러나 그들은 말하기처럼 어려운 것도 없다고 고백한다. 그들은 틀에 박힌 말들을 한다. 사실 평범하게 말하기란 참으로 어렵다. 사람답게 바르게 말 하기는 더욱 어렵다. 좋은 말은 귀에 쏙 들어오는 아름다운 말이어야 한다. 꾸며대는 말은 좋은 말이 아니다.

꿈을 먹고 자란다

어린이들은 꿈을 꾸면서 자란다. 어릴 적에는 누구나 밤마다 꿈을 꾼다. 그 꿈이 크건 작건 따질 것 없이 꿈을 꾼다. 어릴 적에 꾸는 꿈은 잠을 자는 동안 꾸는 꿈과, 미래 희망을 그려보는 야망의 꿈이 있다.

잠을 자면서 꾸는 꿈은 때로는 달콤하고 흥미롭지만, 꼭 그런 건만은 아니다. 어떤 때는 귀신에게 잡혀가고, 어떤 때는 뱀을 만나 소리치며 도망치다가 깬다. 그런 꿈을 꾸다가 침대에 오줌을 흥건하게 싸기도 한다. 불과 몇십 년 전까지도 꿈꾸다가 오줌을 싼 날 아침에는 키를 쓰고 이웃집을 찾아다니며 소금 동냥을 하도록 시켰다. 깨달음을 주기 위한 교육이었다.

마윈은 꿈에 관한 철학이 확고하고도 재미있다.

그는 꿈 이야기를 했다.

"꿈도 기회를 줘야 자란다. 꿈에게 기회를 주지 않는다면 화를 내면서 토라진다. 그뿐만이 아니다. 꿈에게 기회를 주지 않으면 꿈도 당신에게 기회를 주지 않는다. 그렇게 된다면 당신에게 행운이 돌아올 기회가 없어진다."

잠자는 동안에 꾸는 꿈은 잠을 깨면 사라진다. 그러나 미래에 대한 인생의 꿈은 그렇게 쉽사리 사라지지 않는다. 청운의 꿈이 현실로 이어질 때는 출세하고 성공하며 부귀 영화를 누린다. 그러나 그 꿈이 현실로 이어지지 않고 무참하게 무너질 때에는 실망과 좌절이라는 벽에 부딪힌다.

많은 사람이 미래의 꿈을 실현하고자 청운의 꿈을 품고 그 꿈을 좇아간다. 하지만 그 꿈을 이루는 사람이 과연 얼마나 될까? 냉혹한 현실 사회에서는 자신의 꿈을 이루는 사람보다 그 꿈을 이루지 못하고 뒤처지는 사람들이 더 많다.

물론 꿈을 이루어 가는 과정은 생각처럼 쉽거나 평탄하지 않다. 가다 보면 자갈밭도 만나고 가시밭길도 나온다. 그러나 그런 장애물을 헤치고 나아가야 한다. 어떤 일이건 처음부터 뜻대로 되지 않는다. 그래서 "첫술에 배부르랴."라는 속담이 있다.

온실 속에서 자라는 식물은 크게 자랄 수 없다. 분재는 보기에 좋아도 거의 자라지 못한다. 온실 속의 꽃은 향기가 별로 없지만, 비바람과 눈비를 맞으며 자란 야생화는 향기가 짙고 멀리까지 그 향기를 뿜어준다.

마윈은 공자의 말을 가끔 인용한다.

"해서는 안 되는 줄 알면서도 기어코 그 일을 한다."

그건 고집이고 뚝심이며, 꿈을 포기하지 않고 이루어 내겠다는 용기이다. 그는 꿈을 이루기 위해 반드시 갖추어야 할 조건으로 용기와 실행을 꼽는다. 이는 모두가 갈망하는 일인데도 모두에게 똑같이 가장 부족한 것이기도 하다. 용기가 없고 실행력이 부족해서 도중에 꿈을 포기하고 마는 경우가 많다. 그 이면에는 이런 핑계, 저런 이유로 토를 단다.

"하늘은 스스로 돕는 자를 돕는다."라는 말이 있다. 쉬지 않고 줄기차게 노력하는 사람은 좋은 결과를 얻을 수 있다는 가르침이다. 그런 경우는 여러 분야에서 볼 수 있지만, 특히 우승으로 모든 것을 평가하는 스포츠 분야에서 더욱 두드러진다. 스포츠 스타가 되기까지는 실로 엄청난 피와 땀을 흘린 뒤에 영광을 차지하는 경우가 많기 때문이다.

그 대표적인 경우는 바로 제11회 베를린 올림픽 대회 육상 100m에서 세계 신기록과 함께 200m, 400m 계주와 멀리뛰기를 석권하며 4관왕에 오른 미국의 흑인 선수 제시 오언스, 그리고 세계 신기록으로 우승한 마라토너 한국의 손기정 선수를 꼽는다.

오언스나 손기정 선수는 모두 어릴 적부터 꿈을 키워왔고 베를린 올림픽에서 세계를 정복한 스타들로서 청소년의 우상이자 꿈이었다.

오언스는 세계에서 가장 빨리 달리는 선수가 되겠다며 어릴 적부터 달리기를 하였고, 손기정 선수는 한겨울 꽁꽁 얼어붙은 압록강 강가를 달리며 마라토너의 꿈을 키워왔고 드디어 그 꿈을 이루었다. 마윈은 말했다.

"꿈만 꾸고 실천하지 않는다면 그 꿈은 이뤄낼 수 없다. 결심한 일을 시작한다면 아무도 그 일을 막을 수 없다."

마윈이 청운의 꿈을 단 번에 이룩한 것은 결코 아니다. 우선 대학교 진학에서부터 좌절을 경험하였다. 하버드대학교에서는 유학을 거절당했다. 번역 회사를 차렸다가 엄청난 고생을 한 경험을 가슴에 안고 살아간다. 기업을 발전시키겠다며 라이벌 업체를 끌어들이는 합병을 했다가 반대로 회사를 빼앗기는 어처구니없는 낭패도 겪었다.

하지만 그는 오뚝이처럼 일어나 온라인 비즈니스 업계의 신화적 전설의 인물로 우뚝 섰다.

2013년 5월 10일, 타오바오 창립 10주년 기념식이 거행되고 있었다.

4만여 명이 운집한 기념식장에서 단상에 오른 마윈은 중국 대륙이 흔들릴 만큼 충격적인 선언을 했다.

"알리바바 그룹의 CEO 자리에서 물러나겠다!"

이 짤막한 발표로 4만여 인파가 각자 귀를 의심하였고, 중국 대륙이 요동친 것이다. 중국 대륙에서는 천재적인 사업가 마윈의 명성을 모르는 사람이 거의 없을 정도이다.

미국의 한 언론은 마윈의 이렇게 묘사했다.

"볼품없이 툭 튀어나온 광대뼈와 쭉쭉 뻗은 더벅머리를 가진 남자. 162cm의 작은 키, 45kg밖에 안 되는 체중, 개구쟁이처럼 이를 드러내고 웃는 사람, 그는 소년 같다."

마윈은 중국 대륙에 인터넷을 보급하였고, 중소기업에게는 인터넷 전자상거래 플랫폼을 제공하면서 천지개벽과 같은 세상을 만들어 놓았다.

그뿐만이 아니다. 타오바오를 통해 잠자는 호랑이로 불리는 만만디의 중국 사람들의 생활 방식을 혁명적으로 바꿔 놓았다.

그는 중국 방송통신대학교에서 꿈에 대한 소신을 이야기하여 감동을 안겨 주었다.

"사람들은 누구나 물을 마시며 살고 있다. 하지만 물을 마시지 않고도 열흘쯤을 이겨낼 수 있고, 음식을 먹지 않고도 일주일 정도는 살아남을 수 있으며 숨을 쉬지 않고도 2분 정도를 버틸 수 있다. 그러나 꿈이 없다면 단 1분도 살 수 없다.

가난은 서럽다. 그러나 가난보다 더 서럽고 무서운 것은 꿈이 없는 삶을 살아가는 것이다. 꿈은 미래를 밝혀주는 희망이다. 꿈을 가진 사람은 누가 비웃고 조롱해도 상관하지 않는다. 자신이 가야할 길, 자신이 지금 하고 있는 일의 본질을 잘 알고 착실하게 실행해야 한다. 자신이 지금 무슨 일을 하고 있는지 모르는 사람은 매우 끔찍한 삶을 살고 있으면서 그 자체를 모르는 사람이다."

알리바바를 이끌어 가는 마윈은 매우 경쾌하면서도 부드럽고 활기가 넘치는 CEO이다. 그는 이렇게 말하였다.

"알리바바는 이상주의적 이미지가 아주 짙은 기업이다. 색깔이 분명하다. 그리고 매우 현실적이다. 인터넷이 우리들을 모두 성공의 길로 안내해 줄 것이라고 굳게 믿고 있다. 그러나 그 길은 각자가 개척하고 걸어가야만 하는 고난의 길이다."

그의 말은 진리이다.

그가 주장하는 삶의 철학은 매우 현실적이다.

"오늘은 누구나 힘들다고 말한다. 그러나 내일은 오늘보다 더 힘들 수 있지만, 모레는 좋은 날이 올 것이라고 생각한다. 그런데 많은 사람은 오늘을 넘기고 내일 저녁에 포기해 버린다. 그래서 좋은 날이 될 모레 아침 태양을 보지 못한다."

너무나 간단명료하고도 기막힌 삶의 철학이다.

04 능력을 발휘하라

사람들은 누구나 일을 감당해 내는 능력을 가지고 있다. 능력은 지성과 감성, 기억력 등 여러 면에서 두루 작용한다. 그래서 일을 잘 처리하는 사람을 능력 있는 사람이라고 평가한다. 그 능력은 사람마다 제각각 다르다.

능력은 어려운 일을 당했을 때나 위기를 맞았을 때 놀라운 힘을 발휘하는 경우가 많다.

마윈은 회사에서 그 능력을 누구보다도 중요하게 여긴다.

"위기 속에서 기회를 잡아내는 능력을 키우는 사람이 유능한 사람이다."

마윈은 2007년 경제 한파 속에서 위기를 맞았다. 그 위기는 마윈에게만 다가온 것이 아니라 중국 대륙 전체에 휘몰아치는 매서운 칼바람이었다. 그런 위기 속에서 마윈은 용단을 내렸다.

"위기는 기회다! 외국 시장을 과감하게 개척하라!"

이때 알리바바는 외국 시장 개척을 위해 3,000만 달러를 투자하기로 결정한 것이다. 평소의 5배나 되는 엄청난 투자를 단행한다고 밝혔으나, 모두가 눈을 크게 뜨며 깜짝 놀랐다.

그 대상은 글로벌 웹사이트 열 곳과 20여 나라의 유명 웹사이트, 그리고 그들 나라 사람들이 가장 많이 보는 TV 채널, 신문 매체 등이라고 설정했다.

"이 어려운 시기에 거액을 외국으로 내 보낸다고?"

"생각을 잘못한 것 아니냐?"

많은 사람이 우려의 목소리를 냈다. 그러나 마윈은 강력하게 밀고 나아갔다.

그런 배경은 글로벌 시장을 내다보는 정확한 판단 능력에서 비롯되었다. 경제 위기는 맞다. 그러나 위기의 바람을 타는 것은 사치품이며, 일반 소비재는 그 바람을 심하게 타지 않을 것이다.

경제가 나빠지면 선진국의 잘사는 사람들은 값이 싸고도 품질 좋은 제품으로 시선을 돌린다. 이를 우리는 놓치지 말고 잡아야 한다. 값싸고 품질 좋은 제품은 '메이드 인 차이나' 바로 중국 제품이라고 그는 역설했다.

마윈의 대담한 결정은 놀라운 바람을 일으키며 지구촌으로 몰아쳤다. 유럽 경제의 아버지로 존경받는 1999년도 노벨경제학상 수상자인 로버트 먼델 박사도 마윈의 이 전략을 크게 칭찬하였다.

"미국 경기가 하락하면 중국산 제품에 대한 미국 사람들의 수요가 늘어나고 커질 것이다."

그뿐만이 아니다. 중국의 중쿤 그룹 황누보 회장도 먼델 박사의 평가를 지지하면서 이렇게 말했다.

"마윈의 기업가 정신은 정말로 탁월하다. 기업가에게는 모험 정신이 강해야 한다. 그를 증명한 사람이 바로 마윈이다."

그들이 평가한 말이 현실로 나타났다. 그런 모험 정신을 바탕으로 글로벌 시장을 개척하고 점령한 것이 오늘날의 알리바바이다.

위기와 기회는 마치 바늘과 실처럼 언제나 붙어 다닌다고 일컫는다. 위험이 다가오면 그 뒤에는 늘 기회가 따라온다는 말이다. 그래서 판단 능력이 뛰어난 기업가들은 위기 때를 좋은 기회로 이용한다. 그렇다고 모두 성공하는 것은 절대 아니다. 상황 판단을 잘못하면 오히려 그 위기에 휘말려 쓰러지는 경우가 더 많다.

기회를 바로 잡아야 한다는 교훈이다. 위기는 틀림없는 현상이지만 그 뒤에 숨은 기회는 행운을 안겨준다. 하지만 기회를 잡는 일이 그렇게 만만치 않다는 것이 CEO들의 공통된 지적이다.

05 열정은 자산이다

마윈은 돈을 벌겠다고 돈을 쫓 아다니지 말고, 돈이 따라오도록 하라고 강조한다. 한마디로 사업 에 열정을 가지라고 충고한다. 돈을 쫓아다니면 따라오던 돈도 도망치듯 달아난다는 것의 그의 지론이다.

돈은 일정한 곳 또는 특정한 사람에게만 몰려 있는 것 같아도 주인이 따로 없고 돌고 도는 것 이다. 기발한 아이디어, 불타는 사업 열정, 그리고 성실한 신념을 가진 사람에게는 돈도 따라붙는다.

"아이디어와 아이템이 뛰어나지 않고 평범하다면 사람들의 시선을 끌기가 쉽지 않다."

오늘날은 정보와 홍보가 넘쳐흐르고 경쟁은 날로 더욱 치열해지고 있다. 그야말로 숨 가쁜 경쟁 시대이다. 그래서 새로 사업을 시작한 사람들은 무척 어려운 시기를 맞고 있다. 돈 벌기가 점점 더 어렵다고 느낀다.

맞는 말이다. 경쟁이 치열해질수록 수입은 줄어들기 때문에 사업하기가 힘들다는 말이다. 하지만 사업하기가 어렵다, 경쟁이 심하다 하여 모두가 불경기를 맞는 것은 아니다. 그런 가운데서도 승승장구하는 사람이 있다.

그런 사람은 남들과는 다르게, 남들보다는 앞서 가고자 무척 노력하는 사람들이다. 자기만의 독특한 색깔, 자기만의 특별한 아이템, 남들과는 다른 제품, 차별화된 서비스 등으로 고객들의 눈길을 사로잡는 사업 수완을 발휘하는 것이다.

어딘가 다르고 새로워 보이고 독특해 보일수록 그 제품은 소비자들의 호기심을 끌기에 충분하다. 여기에 사업적 수완을 발휘한다면 사업은 성공하고 돈을 벌 수 있다. 반대로 남들과 똑같은 아이디어와 아이템으로 창업하고 남들이 하는 것을 본떠 따라가면 성공하기 어렵다. 성공은커녕 실패하기 쉽다.

마윈은 한 언론과의 인터뷰에서 이런 말을 했다.

"만일에 내가 1990년 이후에 태어났고 최근에 창업을 했다면 과연 어떻게 되었을까 생각한다. 이미 알리바바와 텐센트 같은 우수한 기업들이 있다면 새로 창업한 내가 어떻게 대처해야 할까?

나는 이들에게 감히 도전하겠다는 생각은 하지도 않을 것이며, 서슴없이 알리바바나 텐센트 같은 선발 기업을 최대한 적극적으로 잘 이용할 것이다. 아직 체계도 잡히지 않은 신생 사업가가 이미 뿌리를 내린 선발 기업과 경쟁하겠다는 것 자체가 욕심이니까. 그런 욕심을 부려서는 안 된다."

열정에 불타는 사람은 자기에게 도움이 되거나 필요한 것을 적극적으로 찾아낸다. 그 방법은 스스로 공부하고 창조하려는 노력에 달려 있다. 그런 노력을 기울이지 않고 얻을 수 있는 아무것도 없다.

이웃을 위하고 사회를 위해 일한다는 마음의 자세가 없는 사람은 자기 자신에게도 어떤 도움을 주지 못한다.

뜨거운 열정은 잠자고 있는 잠재적 능력을 흔들어 깨워주고, 더 활발하게 일할 수 있도록 능력을 부추겨 준다. 이러한 열정은 목표를 이루는 원동력이 된다.

마윈은 직원들에게 늘 강조하는 말이 있다.

"열정에 불을 붙여라! 그러면 아이디어가 솟는다. 다만 쉽게 불 붙은 열정은 쉽게 꺼진다. 여러분의 열정이 뜨거우면 뜨거울수록 알리바바는 승승장구할 것이고 그 열정이 시들시들하면 알리바바의 운명도 또한 그럴 것이다. 여러분의 열정이 3년, 30년 아니 평생토록 이어지기를 간절히 바란다."

누군가도 비슷한 말을 남겼다. 열정을 유지하는 일은 사업을 성공시키는 원동력이다. 사업 성공의 열쇠는 첫째도 열정, 둘째도 열정, 셋째도 열정이라고.

거북이의 인내심으로

마윈은 창업 초보자들에게 거북이의 인내심을 가지라고 권유한다.

"토끼처럼 빠르게 뛰면서도 거북이의 인내심을 지녀라."

어떤 일을 할 때 너무 급하게 서두르지 말고 신중하게 움직이라는 말이다. 토끼처럼 빠르게 활동하지 못한다면 거북이의 끈질긴 기질, 거북이의 인내심을 지니는 것이 중요하다.

미련하고 우둔하고 행동이 굼뜬 거북이가 약삭빠르고 날랜 토끼와의 경주에서 이길 수 있었던 우화는 성실한 마음가짐 덕분이다. 그러나 승리의 근본적인 열쇠는 먼 거리를 포기하지 않고 끈기 있게 묵묵히 기어간 인내심이었다.

1999년 중국에서는 인터넷 바람이 거세게 불었다. 네티즌만 무려 500만 명에 이르면서 시장이 무척 뜨겁게 몰아쳤다. 그런 흐름 속에서도 마윈은 얼음장처럼 냉정했다. 그때 그가 말했다.

"인터넷은 앞으로 30년간 인류에게 영향을 줄 것이다. 이것을 3,000m 달리기라고 가정한다면 토끼처럼 빠르게 달려가야 하겠지만, 거북이와 같은 인내심도 있어야 한다. 처음 100m를 달리는 동안에는 큰 차이가 없이 비슷하겠지만 500m쯤 달리면 앞을 달리는 사람과 뒤를 따라가는 사람과의 거리는 많이 벌어질 것이다."

인터넷 열풍이 급속도로 일어나자 알리바바는 '쇄국정책'이라는 긴급 전략을 짰다. 과열 바람을 잠시 피하자는 전략이다.

웹사이트를 개선하고 대외 홍보를 중단하면서 시장의 흐름을 지켜보았다.

새로 문을 연 인터넷 업체들이 초고속 인터넷 바람을 타고 발빠른 경쟁을 하면서 뜨겁게 달아오르고 있는 시장에서 토끼의 전략을 버리고 만만디 뚝심주의로 느릿느릿 거북이걸음을 이어나갔다.

"알리바바, 힘이 빠졌나? 달팽이처럼 움츠리고 있다."

네티즌들이 아우성을 질러댔다. 그래도 꿈쩍 안 하자 비아냥거리는 소리가 여기저기서 쏟아졌다. 그러나 알리바바는 거침없이 거북이 전략을 계속 이어갔다. 활활 타오르던 인터넷 열풍이 조금

식어들자 네티즌들이 알바바바가 거북이 전략으로 고속 성장해 온 사실을 알고 그 저력에 놀라움을 금하지 못했다.

마윈은 네티즌들이 입을 다물지 못하고 있는 데 대해 이렇게 말했다.

"우리는 한눈팔지 않고 조용히, 그리고 늘 같은 걸음으로 사업을 진행하고 있다."

마윈은 쇄국정책을 통제의 철학이라고 스스로 해명하였다. 그는 언제나 흥분하지 않고 냉정하게 판단하는 차가운 두뇌를 가지고 있다. 그런 정신으로 알리바바가 오늘날 글로벌 시장을 이끌어 가는 기업으로 키웠다.

IT 업계의 거품이 파도처럼 밀려나가면서 무너져 내릴 때 "마지막으로 쓰러지는 사람이 되자."라고 외쳤던 마윈은 만만디의 기질을 살린 쇄국정책으로 최후의 승자가 된 것이다.

"우리가 힘들면 다른 사람들은 더 어려울 것이다. 지금 어려움을 모두 겪고 있다. 누구든 오래 버티는 사람이 이긴다. 진정한 실력은 역경 속에서 발휘되고 빛이 난다."

마윈은 고객들에게도 인터넷 사업은 거북이의 인내심 정신으로 이어 나가야 하는 사업이라고 설명한다.

그의 거북이 정신과 인내심, 그리고 처음과 끝이 한결같은 정직함은 신뢰와 신용으로 이어지면서 알라바바와 타오바오를 성공으로 이끈 핵심 요소다. 하루에도 아침과 점심, 저녁때가 다른데 언제나 한결같은 제품을 만들고 언제나 변함없는 서비스를 한다는 것은 매우 어려운 일이다.

마윈은 그걸 지키고 있다. 성공의 열쇠는 고객들의 사랑과 지원이 없으면 이룰 수 없다. 그러나 그 열쇠는 고객만이 쥐고 있는 것은 아니라, 기업이 고객들에게 계속적인 신뢰를 주고 신용을 두텁게 쌓아 가는 데 있다.

중국 여러 지역의 대학생과 청년 네티즌들이 창업 정보와 창업 아이디어를 교환하는 모임에서 마윈이 조언을 한 일이 있다.

"사업은 당장 눈앞을 보지 말고 5년 10년 앞을 내다보며 해야 한다. 창업하고 바로 수익을 낼 수 있는 사업은 없다. 성공하지 못할 벅찬 사업에는 손도 대지 마라.

다른 사람이 잘한다고 그대로 따라가면 성공하기 어렵다. 오늘이 아니라 내일을 바라보고 차분하고 끈기 있게 추진하는 사람이 성공하는 사례가 더 많다는 것을 꼭 기억하라.

어떤 일이든 처음 생각할 때는 잘될 것 같고, 또 입으로 말하기는 쉽다. 그러나 막상 시작하고 나면 뜻밖에 어려움이 생기고 복잡한 일들이 벌어진다. 그래서 중도에 포기하는 사람이 많고, 끝까지 밀고 나가는 사람이 드물다. 끝까지 끌고 가는 사람은 성공의 길로 접어든다. 성공한 뒤에도 계속 정성을 기울여야 사업은 번창한다. 그렇게 하지 않으면 사업을 이어가기가 힘들어진다."

'화성인' 별명 얻어

세상에서 고정관념처럼 딱딱한 것도 없다고 한다. 그래서 고정관념을 깨라는 말들을 많이 한다.

타오바오는 2003년 창립 때부터 물구나무 문화의 영향을 받았다. 물구나무 문화는 기업 환경의 변화에 따라 스스로를 바꾸고 새로운 각도에서 문제를 생각한다는 것이다.

사실 타오바오는 처음 사업을 시작할 때 벌써 경쟁 업체인 이치넷이 전자상거래로 중국의 사업을 이끌어 가는 상태였다. 그런 배경에는 세계적인 기업인 이베이가 버티고 있었다.

여기서 마윈은 고민했다.

"이렇게 강력한 상대와 맞서서 경쟁할 수 있을까? 어떻게 해야 이길 수 있을까?"

그런 고민을 안고 직원회의를 소집했다.

"경쟁에서 이기려면 우리 모두가 벽에 기대어 거꾸로 서는 물구나무서기 작전을 적극적으로 펼쳐야 한다. 남직원은 적어도 30초 동안 버텨야 하고, 여직원은 최소한 10초 동안 물구나무서기를 할 수 있는 체력을 길러야 할 것이다."

물구나무서기를 실시한 타오바오는 상당한 힘을 얻었다. 먼저 체력 단련을 할 수 있었고 그 다음은 경쟁력을 기를 수 있다는 정신적 신념이 강해졌다.

그보다도 물구나무를 서면 세상을 거꾸로 볼 수 있는 것처럼 생각을 바꾸라는 주문을 한 것이다. 여기서 나온 것이 이베이의 유료 서비스에 대응할 수 있는 전략으로 무료 서비스를 선택하게 되었다. 이와 함께 구체적인 대응 전략을 세웠다.

첫째, 영세 사업자를 대상으로 수수료를 안 받는다.

둘째, 알리페이를 통해 안전한 거래를 책임진다.

셋째, 중국 시장에 맞춘 신속한 사업을 편다.

타오바오가 이렇게 활기찬 의욕을 밝히자, 이베이도 긴장했다. 대대적인 포털 사이트 광고로 시장을 독점하겠다고 나선 것이다.

마윈은 물러설 수 없다는 의지를 다졌다. 물구나무 정신을 발휘하여 오프라인 광고로 맞섰다. 주요 도시의 지하철과 버스 정류장 등에 "나는 타오바오가 좋아!"라는 광고가 등장했다. 치열한 광고 전쟁이 시작된 셈이다. 광고 전쟁은 3년 동안 이어진 끝에 타오바오의 승리로 막을 내렸다.

"우리가 이겼다!"

"물구나무 정신으로 이겼어요!"

마윈은 직원들과 함께 환호를 터뜨렸다.

타오바오의 성공 작전은 생각을 바꾸는 일, 고정관념을 깨는 일로 발상의 전환을 가져오면서 이룩한 것이다. 고정관념을 깨고 이룩한 승리여서 타오바오에게는 상당한 힘이 생겼다.

2004년 인터넷 업계는 크게 위축되면서 어려움을 겪게 되었다. 마윈은 미국 소비자들을 겨냥해 대대적인 홍보 광고를 시작했다. 그렇게 한 해를 보낸 뒤에 그는 직원들을 다독거리며 독려했다.

"이제 우리는 더 큰돈을 써야 한다."

글로벌 경기 위기가 중국 대륙을 휩쓸던 2008년 중소기업을 돕기 위해 150억 위안의 큰돈을 기꺼이 내놓았다. 다음 해 연말에는 자기에게 돌아오는 보너스를 한 푼도 받지 않고 직원들의 봉급을 올려준다고 약속했다.

그때 그에게 붙여진 별명이 있다.

"화성인 마윈!"이다.

화성에서 온 사람이라는 말이지만, 남들과는 다르게 살며, 독특한 방식으로 사람들을 놀라게 하는 사람, 평범하게 살기를 거부한 사람이라는 뜻에서 '화성인'이라는 별명을 붙여준 것이다.

낡은 사고방식에 얽매이지 않고 보통 사람들처럼 고정관점에 사로잡히지 않고 평범한 생각을 뒤집어 혁신하는 생각으로 사업을 일으키고 사회에 봉사하는 삶을 살고 있는 사람, 그런 정신으로 글로벌 시장에서 앞서 가고 있다.

05

확실한 믿음

부자의 조건

마윈은 부자의 조건을 이렇게 설명하였다.

"불타는 열정과 탁월한 시스템이다."

정말 그럴까? 그는 언젠가 이런 말을 했다.

"나의 시스템을 누구든지 모방할 수 있다. 그러나 내가 겪은 고생과 나를 부추겨 끌어내는 내 마음의 열정은 그 누구도 모방할 수 없고 따라올 수도 없다. 그건 나만의 독특한 의지이며 내 사업의 핵심이니까."

어느 기자가 마윈에게 짓궂게 질문했다.

"왜 최고의 도시 베이징을 떠나 촌 동네 같은 항저우로 내려갔는가?"

마윈의 대답은 대담했다.

"베이징이 중국 최대 최고의 황금 도시인 건 맞다. 그러나 내 사업을 멀리 내다볼 때 항저우만한 도시는 중국에 없다고 확신했다. 일시적인 열정이나 편견은 오래가지 못하고 쓸모도 없다. 오래 지킬 수 있는 열정만이 논을 끌어들일 수 있다. 그토록 부자의 조건을 갖춘 항저우를 선택하지 않는다는 것은 어리석은 일이다."

알리바바 직원들은 그런 마윈을 '열정의 화신化身'이라고 부른다. 그들의 이야기에 귀를 기울여 보자.

"마윈은 인간을 초월한 사람, 온몸으로 열정을 뿜어내는 창업의 화신이다. 기업가라기보다는 꿈을 좇아가는 사람이고, 많은 사람에게 꿈과 이상을 전해주는 열정의 전도사이다."

불과 30대의 청년으로 창업을 하고, 40대에 글로벌 시장을 다스리는 인터넷 황제가 되었으며, 50대에 황금 방석에 앉은 중국 최고의 슈퍼 부자 마윈은 지금 어떤 꿈에 잠겨 있을까?

부자가 되는 조건의 열쇠는 고객이 쥐고 있다.

항상 고객을 왕처럼 모셔야 하는 까닭은 기업의 운명을 고객들이 입과 손에 달려 있기 때문이다. 세상에 영원한 고객은 없다. 마찬가지로 완전한 인재도 없다.

기업인이 갖추고 지켜야 할 덕목은 사람을 잘 다루는 일이다. 사람을 다루는 일에는 고객과 직원이 두루 포함된다.

고객을 다루는 일은 창구에서 시작된다. 어떤 손님이거나 모두 창구를 통해 맞게 된다. 찾아오는 손님이 안으로 들어오느냐, 아니면 되돌아가느냐 하는 일은 창구에서 결정되기 때문에 창구의 역할이 매우 중요하다.

전자상거래에서도 마찬가지이다. 첫 화면이 밝지 못하면 고객은 눈을 다른 곳으로 돌려 버린다. 고객이 돌아서거나 다른 곳으로 눈을 돌리게 해서는 안 된다.

마윈은 《상경》에서 '돈보다 사람이 먼저'라고 기술한 대목을 무척 중요하게 여긴다. 좋은 사람, 유능한 사람을 얻기 위해서는 인내심을 가지고 때를 기다리는 지혜가 필요하다.

어떤 인물이 필요하다고 해서 그런 사람이 맞춤 제품처럼 미리 대기하고 있다가 나타나는 것이 아니다.

열심히 일하는 사람은 그에 따르는 보상이 주어진다. 그러나 안일하게 시간이나 때우는 사람에게는 크고 넓은 기회가 주어지지 않는다. 큰 뜻을 가지고 큰 사업을 일으키기 위해서는 부단한 연마와 수련이 함께 이루어져야 한다.

그런 사람은 어려운 역경에 처할 때 눈부신 능력을 발휘한다. 결국, 역경에 처해야 사람의 능력과 가치가 드러난다. 인간이라는 존재는 고난을 잘 이겨내야 어떤 일에서든지 능력을 발휘하게 된

다. 고난을 이겨내지 못하는 사람은 자신을 망치게 되고 행운의
기회가 와도 이를 받아들이지 못한다.

항저우, 저장성 성도로 번창한 항구 도시

| 항저우

항저우抗州는 중국 상하이 남쪽에 위치한 저장성의 성도省都이다.
정치·경제·산업·교통 등의 중심지로 10세기 때부터 외국 선박들
이 들어오면서 무역이 성행하였다. 원나라 때 이탈리아 상인 마르
코 폴로가 들어와 세계에서 가장 아름다운 도시, 킨자이 또는 칸자
이라는 이름으로 외국에 소개한 곳이다. 19세기 때 태평천국의 난
으로 크게 파괴된 곳인데, 난징조약으로 상하이가 개방되면서 항
구 도시의 명성이 상하이로 넘어갔다.

고객을 섬겨라

마윈의 전략은 '고객 섬기기'이다. 고객이 무너지면 기업의 봄 날은 사라지고 태양도 없다는 격언이 있다.

평화로울 때 위기를 생각해 보고, 안정적일 때 혼란을 예상해 보며, 건강할 때 괴로움을 예상해 보라는 말이 중국에서는 유행한 다. 이 말은 비단 중국만의 이야기는 아니다. 지구촌 모든 나라 모 든 사람들에게 두루 적용되는 말이다.

마윈은 확실히 미래를 내다보는 안목이 남다르다. 2007년 금융 위기가 발생하여 그 파장이 매우 심각하게 전개될 때 그는 벌써 머지않은 미래에 위기가 다가올지도 모른다면서 대비 교육과 투 자를 아끼지 않았다. 알리바바가 최초로 주식시장에 상장되었을 때 마윈은 회사의 모든 직원에게 편지를 보냈다.

"세계 경제에 예상하지 못한 문제가 생겼으니 모든 기업은 위기에 대처하면서 도전을 준비해야 할 것이다. 알리바바나 인터넷 업체는 다른 일반 기업처럼 특별히 어려움을 겪지 않겠지만, 모든 사람이 위기를 겪게 될 것이므로 그런 생각으로 마음의 준비를 해야 할 것이다. 알리바바의 주요 고객인 중소기업들이 앞으로 생존에 매우 심각한 위협을 받게 될 것이 분명하다. 우리의 고객인 중소기업들이 추운 겨울을 무사히 보낼 수 있도록 알리바바가 적극 도와야 한다.

한겨울 눈이 내리기 시작한 다음에야 겨울 준비를 한다면 추위를 이기기 어렵다. 겨울을 미리 준비하지 않은 사람에게만 경제 한파는 두려운 존재다. 우리는 분명히 기억해야 한다. 우리의 주요 고객이 무너지면 우리에게도 봄날의 태양은 없다는 것을!"

마윈은 알리바바를 이끄는 CEO답게 미래를 바라보는 안목도 특별하다. 기업하는 사람은 미래를 밝게 전망하는 한편, 앞으로 다가올지도 모르는 위기를 예측하고 이에 대한 준비도 서둘러야 한다고 주문한다.

경기가 나빠지고 시장이 활기를 잃으면 기업들의 경쟁은 더욱 치열해질 수밖에 없다. 그것을 피할 수 없는 시장 경제의 원칙이라고 그는 강조한다. 이럴 경우 기업의 CEO에게 위기의식이 있는지, 있다면 어떤 것인지 하는 것이 중요하다. 마윈은 고객을 성실히 섬기고, 스스로를 변화시켜가는 능력이 있는 기업이 성공의 길을 달려간다고 강조하면서 회사를 이끌어 간다.

그는 초고속으로 변화하는 오늘날 글로벌 경쟁에서 살아남으려면 국제적 흐름과 상황에 맞게 전략을 짜고 그에 따라 변신할 수 있는 대응력을 길러야 한다고 강조한다.

스스로 변화하는 것이 중요하며, 그것은 바로 적응 능력이라는 말이다.

03 공짜는 없다

그는 여기저기서 펼쳐지는 크고 작은 회의에 초청을 받고 연설을 해야 한다. 그래서 눈코 뜰 새 없이 바쁘다.

2013년 봄, 중국 IT 업계의 CEO들이 한자리에 모여 회의를 열었다. 이 자리에서 마윈은 이런 말을 했다.

"세상에 공짜는 없다! 10년 전에는 창업을 준비하는 사람들에게 첨단 기술을 공짜로 알려 주었다. 그러나 오늘날에는 그렇게 할 수 없다. 공짜로 기술을 제공한다는 것은 스스로 자기의 무덤을 파는 것과 같다. 이제 IT 업계는 첨단 기술 또는 이념적인 관점에서나 부족한 것이 없을 정도로 고도 성장과 발전을 이룩하였다. 이제 우리에게 필요한 것은 이 내용들을 현실로 옮겨서 이용자들이 더 편리하게 활용하도록 해주는 것이다."

그러자 "10년 전에는 무료 서비스를 했는데 지금은 왜 못한다는 것인가?"라는 불만 섞인 질문이 쏟아졌다.

마윈은 차분하게 대답했다.

"그때와 지금은 기업 환경이 180도로 달라졌다. 10년 전에는 알리바바나 텐센트, 바이두가 모두 보잘것없는 작은 규모였다. 그때 무료 서비스는 자살 행위처럼 여겨졌다.

그러나 지금 무료 서비스를 제공한다면 모두가 함께 죽는다. 20세기 같은 생각, 불과 10년도 안 된 지난날의 생각은 이미 낡은 것, 쓸모없는 것으로 사라져서 아무 효용 가치도 없기 때문이다. 변화하는 시대에는 능동적으로 변화하려는 자세와 마음가짐이 더 절실하다."

그는 오늘날 지구촌의 국경선이 사실상 무너지고 지구촌이 하나의 거대한 공동 시장으로 바뀌면서 기업들이 피부로 느끼는 변화는 무척 빠르게 다가온다. 소비자의 요구가 그렇고 기술과 전략도 마찬가지다. 이 세상의 모든 것은 변하지 않는 것이 하나도 없다. 그런데 오직 변하지 않는 것은 '변화'라는 단어, 그 사실 자체뿐이라고 강조했다.

또 광저우에서 열린 중국 인터넷 기업 교류회에도 초청받고 연설을 했다.

"나는 6년 전에 아주 친한 친구와 사업 이야기를 하다가 온라인 사업을 해보는 것이 어떤가? 하고 권유한 일이 있다. 그때 그 친구는 '아직 시간이 있으니 다음에 이야기하자.'라고 했다. 그리고 다시 2년이 지난 뒤에 똑같은 권유를 했는데 그 친구가 하는 말이 '요즘 너무 바빠서 그럴 여유가 없다.'라고 했다.

그런데 또 2년이 지난 어느 날 그 친구가 몹시 흥분한 표정으로 찾아와 하는 말이 '왜 좀 더 일찍 온라인 사업을 적극적으로 하라는 이야기를 해주지 않았느냐?'라고 따지는 것이었다. 그러면서 지금 타오바오에서 장사를 하는 어린 풋내기들이 자기 사업을 모조리 빼앗아 가는 바람에 타격이 이만저만 큰 것이 아니라고 불평을 늘어놓았다. 참으로 기가 막혀 아무 말도 못 했다."

그는 모든 인터넷 기업 총수들에게 권고했다.

"주식 시장이 활활 타올랐던 2007년은 다시 돌아오지 않는다. 지금은 경제 구조를 바꾸고 기업 비즈니스의 수준을 끌어올리는 작업을 해야 한다. 비즈니스의 열기가 살아나면 경제도 살아난다.

전자상거래 사업은 겨울이 아니라 새봄이 다가오는 느낌이다. 그 까닭은 세계가 너무 빠른 속도로 변화하고 있기 때문이다.

그렇다. 인터넷이 몰고 온 변화의 물결은 남녀노소 모두가 느끼고 있다. 그런데 경영자 CEO가 그걸 피부로 느끼지 않고 국제적 흐름을 외면한다면 그 인터넷 기업은 도태될 수밖에 없다.”

중국에서는 11월 11일을 ‘솔로의 날’이라는 색다른 날로 만들어 축제를 열고 있다. 타오바오를 중심으로 온라인 쇼핑몰들이 이 날을 인터넷 쇼핑의 날로 정하고 대대적인 이벤트를 펼치고 있는 것이다. 이날 하루 동안 타오바오는 191억 위안이라는 엄청난 매출을 올렸다. 이는 예전에 없었던 기적 같은 일이다.

마윈은 외쳤다.

“이제 세계가 변하는 만큼 중국의 기업도 변해야 살아남는다. 이제는 ‘메이드 인 차이나’의 꿈에서 벗어나 ‘메이드 인 인터넷’으로 바뀌어야 한다. 지금은 완제품부터 부속품까지 모두가 온라인으로 거래되는 세상이다. 얼마 전에 청년 두 명이 타오바오의 자동차 섹션에서 자동차 한 대를 만들었는데, 자동차 모델을 제외하고 그 부속품들은 모두 타오바오에서 구입해 조립했다. 최고 시속 160km까지 거뜬히 달릴 수 있다. ‘메이드 인 타오바오’라는 이름으로 모터쇼에 출품해 140만 위안에 팔렸다.

이 세상에서 가장 값비싼 제품은 눈에 보이는 상품이 아니라, 혼이 담긴 서비스이다. 오늘은 우리의 고객이라 해도 내일은 경쟁업체로 이동할 수 있는 마음을 가진 고객이 60%라는 것을 항상 잊지 말라고 마윈은 경고한다.

밀림의 사자처럼

마윈의 기업 정신은 정상을 정복하고 지킨다는 것이다. 그의 생각은 그의 사업에서 그대로 나타난다.

"승리하는 자가 왕이라는 말은 이미 옛날이야기다. 오늘의 비즈니스 세계에서는 그 말이 더 이상 통하지 않는다. 밀림의 작은 동물들은 사자가 동물의 왕국을 지배하던 시절은 이미 지나갔다고 여긴다."

그가 강조한 말이다. 글로벌 경쟁 사회에서는 약한 자가 강한 자에게 잡아먹히는 약육강식弱肉强食의 시대, 밀림 속의 동물 세계와 같다. 용맹스러운 사자라 해도 먹잇감을 잡지 못하면 굶주릴 수밖에 없다.

하지만 작은 동물들은 영악스런 사자에게 잡히지 않으려고 무진 애를 쓴다. 그래서 사자의 발톱은 더욱 날카로워진다. 약육강식은 계속 이어지지만, 밀림의 동물 세계는 변화는 있어도 무너지지 않고 그대로 존속된다.

마윈은 말했다.

"경쟁 시대에서는 오직 살아남는 자만이 내일을 맞이하고 미래의 희망을 품는다. IT 산업의 버블은 2002년에 이미 무너졌다. 그때 우리의 구호는 최후의 한 사람이 되자는 것이었다. 그대로 주저앉아도 안 되고 마지막까지 쓰러지지 말자. 결코 사자는 굶어죽는 법이 없다."

그가 첫 시련을 겪은 사업은 의욕을 가지고 처음 시작했던 하이보 번역 회사였다. 그러나 몇 달 동안 적자만 계속 이어졌다. 적자가 계속되자 함께 시작한 동료들은 하나둘 짐을 꾸려 나갔다.

그러나 마윈은 실망하지 않았다. 회사를 살리려고 몸부림을 쳤다. 살아남는 것이 나의 목표라며 두 주먹을 움켜쥐었다.

일상생활에 필요한 공예품 선물용 소품을 커다란 마대자루에 가득 담고 여기저기 돌아다니며 파는 보따리 장사를 한 것이다. 번역물과 팸플릿도 함께 들고 다니며 보따리 장사를 한 것이다.

"그 좋은 대학강사 자리를 버리고 회사를 차리더니 말이 아니군!"

"사업은 아무나 하는가?"

안 됐다고 여기는 친구가 있고, 조롱하는 친구들도 있었다.

그가 헐떡거리며 보따리 장사를 한 지도 3년이 흘렀다. 금방 쓰러질 것 같았던 번역 회사는 기적처럼 다시 살아나는 빛이 보이는 것이었다.

그는 이때의 경험을 창업 준비생들에게 가끔 들려준다.

"창업은 어린아이를 키우는 일과 같다. 아기를 잠재우고 울면 달래주고 놀 때는 같이 놀아주면서 말이다. 어릴 때에는 부모의 보살핌이 절대 필요하다. 신생아가 자라서 제 발로 뛰어다닐 수 있을 때까지는 충분히 보살펴줘야 한다.

사업도 마찬가지이다. 창업 초기부터 당장 수익을 올리겠다면 지나치게 욕심을 부리는 것이다. 너무 많은 시장을 동시에 공략하지 마라. 지나치게 시장을 확장해 나아가면 그 후유증도 엄청나다는 것을 항상 염두에 두어라."

사실 창업을 하는 사람들에게 가장 요구되는 것은 두려움을 털어 버리는 것이다. 두려움을 털어내지 못하고 있으면 추진력이 떨어지고 우물쭈물하는 습성이 생긴다.

어떤 일을 처음 시작하는 사람들이 공통적으로 가지는 마음은 두려움에 대한 공포심이다. 그 두려움은 앞으로 진행하는 일에 많은 지장을 준다.

기업을 하는 사람은 경쟁자를 두려워해서는 클 수가 없다. 엄동설한 매서운 겨울 날씨라 해도 따스한 한 줄기 햇살은 쏟아진다. 기업을 하다 보면 예상하지 못한 난관이 다가온다.

그렇다고 두려워할 일은 아니다. 창업을 하고 3년 안에 쓰러지는 사람이 많지만, 그 가운데서 역경을 이기고 살아남아 우뚝 서는 자랑스러운 기업들도 있다.

마윈은 창업 초보자들에게 이렇게 당부했다.

"역경은 보통 사람들이 생각하는 것처럼 무섭고 두려운 것만은 아니다. 마치 우리에게 예고도 없이 스며드는 질병과 같은 것이다. 그 질병은 병원을 찾아가 제때에 적절히 치료받으면 쉽게 고쳐진다. 기업도 마찬가지이다. 어려움이 다가왔을 때 당황하여 허둥거리면 일이 더 커지기 쉽다. 문제를 해결할 방안을 찾아야 한다. 그러면 거뜬히 일어설 수 있다. 용기를 잃지 않는 것이 가장 중요하다."

특별한 성공 비결

마윈은 사업 운을 하늘로부터 받은 사람인지 모른다. 정말 볼품없는 외모, 작달막한 키, 회오리바람이 불면 날아갈 것 같은 가냘픈 몸매, 어느 한 부분에도 글로벌 리더 같은 외풍을 느끼기가 어렵다. 그런데도 그에게 돈이 몰려들어 온다.

"세상에서 유일하게 특별한 성공 비결이라도 가지고 있는가?"

그가 세운 또 다른 기업 타오바오닷컴은 날마다 10억 개 이상의 물건이 거래될 정도로 엄청난 성공을 거두며 날로 발전하고 있다.

알리바바와 타오바오의 전자 결제 시스템인 알리페이는 2013년 기준으로 사용자 수가 무려 8억 명을 넘어설 정도로 상상을 초월하는 시장점유율을 자랑하며 엄청난 영향력을 행사했다. 이러한 성공 사례는 아직까지는 없었던 전무후무한 일이다.

그는 지금 중국 대륙을 포함한 전 세계 청소년은 물론 비즈니스맨들의 우상이자 꿈과 희망과 용기를 심어 주는 위대한 경영인으로 우뚝 섰다.

그는 중국인 기업가로는 최초로 2000년 《포브스》의 표지 인물로 선정되는 행운을 누렸다. 2009년에는 《타임》이 선정한 전 세계 영향력 있는 100인으로 뽑혔으며, 2012년에는 《포천》이 선정한 중국에서 가장 영향력 있는 리더 중 한 명으로 이름을 올렸다.

또한, 2014년에 미국 블룸버그 통신이 발표한 '억만장자지수'에서 쟁쟁한 기업 총수들을 제치고 중국 최대 부호로 등재되는 영광을 안았다. 여기서 그는 바이두 그룹의 리옌훙, 텅쉰 그룹의 마화텅, 완다 그룹의 왕젠린 등 유명한 CEO들을 모두 제치고 총자산 약 1,676억 달러(약 175조 원)로 중국에서는 가장 큰 슈퍼 부호로 우뚝 선 것이다.

지금 마윈은 세계의 내로라하는 유명한 기업가들이 꼭 만나고 싶어 하는 기업인이다.

그의 경영 철학은 어떤 것이기에 그토록 만나고 싶어 할까?

50만 위안(8,500만 원)으로 창업한 그가 대박을 맞기까지의 이야기는 너무나 감동적인 신화, 한 편의 드라마이다. 사업을 시작한 이래 적자를 면치 못하고 보따리 장사로 전락해 헐떡거렸던 그가 15년 만에 세계 최대 온라인 기업으로 성장시킨 알리바바닷컴의 이야기는 드라마보다 진한 감동을 주고 있는 살아 있는 성공 신화이다.

중국의 작은 항구 도시 항저우의 평범한 영어 강사에 불과하였던 마윈은 무엇하나 번듯하게 내세울 것 없는 사나이였다. 그랬던 그가 대박의 신화를 일궈냈다. 많은 사람이 그의 성공 신화에 궁금증을 나타내고 있다.

"도대체 이토록 놀라운 성공을 어떻게 거둘 수 있었을까?"

그는 담담한 표정으로 말한다.

"성공한 기업들만 보지 마라. 그리고 그들이 먼저 시도했기 때문에 나는 기회를 놓쳤다고 불평하지 마라. 기회는 언제나 열려 있고 누구에게나 온다. 그 기회는 사람들이 불평하는 곳에 많이 있다. 특히 불평만 하지 말고 기회를 잡는 사람이 성공한다. 불평을 기회로 여기고 적극 해결하려고 노력하는 사람은 거의가 성공을 이룬다."

불평하는 사람들의 말에 귀를 기울이고, 그 안에서 문제를 찾아내고 그 문제를 풀어 보려고 노력하는 사람들이 성공을 거두는 확률이 높다고 마윈은 충고한다.

마윈은 남다른 사고방식과 비범한 마인드에서 성공 비결을 찾으라고 권한다. 위대한 철학이 위대한 경영을 낳는다는 이야기다.

그의 충고는 맞는 말이다. 실제로 그런 현상이 벌어지고 있다. 집을 지을 때는 먼저 주춧돌을 놓고 그 다음에 기둥을 세운 뒤에 서까래를 올리고 대들보를 얹는다. 그래야 튼튼한 집, 올바른 주택이 된다.

마찬가지로 확고한 신념을 바탕으로 하지 않고 펼치는 사업은 성공을 거두기가 힘들다. 그런 사업은 일시적으로는 수익을 올릴 수 있을지 몰라도 오래가지 못한다. 먼 앞날을 내다보지 않고 당장 눈앞의 이익만 추구하는 경영은 성공할 수 없다.

정말로 운이 좋아서 일시적으로 성공한다 할지라도 오래 유지하기 어렵다. 실제로 100년 이상 지탱해 오면서 살아남아 사회에 막강한 영향력을 행사하는 기업들은 거의 다 뚜렷한 기업 이념과 신뢰를 바탕으로 사업을 진행하고 있다.

중국의 IT 업계 창업 예비자들 사이에서는 유능한 비즈니스맨이 되고 존경받는 CEO가 되겠다고 꿈꾸는 사람들이 많다. 그런 꿈을 지닌 사람이라면 마윈이나 미국의 스티브 잡스나 빌 게이츠를 자신의 모델로 삼고 사업을 추진하라는 말이 유행되고 있다.

마윈은 창업 예비생들에게 이렇게 당부한다.

"세계적 CEO들의 사업 구상과 경영 이념, 조직력과 통솔력, 그리고 인재를 영입하고 적재적소에 배치하는 능력, 평범한 직원을 인재로 성장시키는 능력 등을 배워야 한다.

더구나 그들의 독특한 말투와 습관, 옷차림 등 외향적인 것들을 흉내 내려고 하지 말고 그들의 사업적 생각을 닮고, 경영 비법을 배우는 것이 더욱 중요하다. 실제로 그들 기업의 속을 모르면서 겉만 따라가면 결국 실패할 위험성이 크다.

위대한 경영자를 닮아라. 그들을 진심으로 닮고 싶다면, 그들이 가진 강력한 기업 정신과 신념을 자신의 것으로 끌어들여야 한다. 그렇지 못하고 그들의 겉모습만 흉내 내는 일은 아예 버려라. 그들의 특별한 생각을 읽고 그들의 생각 속으로 푹 빠져야 한다. 그리하여 그의 생각과 철학이 당신의 내면에 깊이 스며들게 하라.

세상에 성공한 사람들보다는 실패한 사람들이 더 많다. 성공한 사람들 뒤에는 언제나 훌륭한 팀이 있다는 것을 늘 기억하라. 훌륭한 팀워크는 기업의 성공 포인트이다."

스스로 힘내라

    사람에 따라서 차이는 있지만, 누구나 모두 힘을 가지고 세상을 살아간다. 힘은 곧 능력이고, 일을 해낼 수 있는 바탕이며, 몰랐던 것을 알거나 깨달을 수 있는 지혜이다.

    일에는 반드시 왜 그런가? 어째서 그렇지? 하는 의문이 있다. 세상 만물들은 의심스럽지 않고 의문이 없는 물체가 없다. 그러나 의심하지 않고 그대로 받아들이려는 생각, 그런 자세가 더 의문스럽고 위험하다고 말한다. 우리의 일상생활에 도움을 주는 생활용품을 비롯해 첨단 과학 작품들은 왜? 어째서? 라는 의문을 품고 연구해서 만들어낸 발명품들이다.

    예를 들면, 달걀을 품고 앉아 병아리가 깨어나기를 기다렸던 어린이 에디슨이 세계의 발명왕이 된 일이나, 제2차 세계대전을 한 방에 끝내게 한 원자폭탄 발명도 우연히 이루어진 것이 결코 아니다. 개인의 끈질긴 노력과 위대한 지혜의 힘을 쏟아 부어 이 뤄낸 것이다.

아인슈타인이 20세기에 가장 위대한 이론으로 기록된 유명한 상대성이론을 발표했을 때의 일화이다. 상대성이론은 '여러 가지 물리 현상의 발생은 각자 보는 관점의 입장과는 상대적일 수 있으므로 특정한 관측자 또는 좌표계를 우선시킬 근거가 없다.'라는 내용의 원리를 밝혀낸 것이다.

그러자 여러 학자들이 의문과 반박을 거침없이 쏟아내면서 엄청난 공격을 퍼부었다. 그러나 아인슈타인은 와글와글 떠들어대는 학자들의 아우성에 조금도 흔들리지 않고 이렇게 말했다.

"나의 이론이 틀렸다면 한 사람만 반박해도 충분하다. 분명한 것은 0×100이나 0×1,000도 모두 정답은 0일 뿐, 100도 아니고 1,000도 아니다."

스스로 옳다고 믿으면 그것이 옳은 것이라고 믿었다. 보통 사람들은 자기의 잘못을 제대로 모르면서 세상을 살아간다.

마윈은 기업 대 기업 간의 협력이라는 독특한 시스템으로 1995년 알리바바를 세우고 사업을 시작했다. 그러자 사람들이 빈정거렸다.

"1만 톤급의 대형 선박을 세계의 지붕이라는 히말라야 산꼭대기에 올려놓겠다는 격이다."

아주 불가능한 모험이라는 것이었다.

엄청난 조롱에 마윈도 가만히 있을 수가 없었다.

"우리가 하고자 하는 일은 산꼭대기에 있는 거대한 선박을 바다로 옮겨 놓아 제구실을 하도록 하겠다는 것이다. 우리의 희망은 전 세계에 자랑할 만한 위대한 기업을 만드는 것이며 그건 나의 꿈이자 비전이다. 그리고 중국인 모두의 희망이다."

이쯤 되면 장군 멍군이다. 마윈의 생각은 옳고 정확했다. 남들이 비웃고 조롱한 기업을 이끌고 가는 선장으로서 험난한 파도를 헤쳐 넘어야 했다. 더구나 2001년과 2002년은 인터넷 업계가 엄청난 동장군 때문에 꽁꽁 얼어붙는 최대 위기를 맞았다.

그는 이런 위기 속에서도 번뜩이는 지혜와 탁월한 사업 수완으로 알리바바를 중국에서는 가장 많은 수익을 올리는 슈퍼 기업으로 만들어냈다.

그때 온라인 기업의 최대 공룡으로 불리는 쇼핑 업체 이베이와 이치넷이 합병을 하면서 시장을 80% 이상 독점하게 되었다. 하지만 마윈은 이들에 대항하기 위해 타오바오를 만들었다.

이번에도 많은 사람이 곱지 않은 시선을 던졌다.

"개미가 코끼리에 덤벼드는 어리석은 꼴이다."

하지만 이베이는 새로 생긴 타오바오에게 강펀치 난타를 무수히 얻어맞는 상황이 되면서 결국에는 중국 시장에서 철수하는 수모를 겪었다. 마윈은 자신의 생각이 건전하고 옳았다는 평가를 스스로 내렸다.

"투자자들이 이구동성으로 말했다. 첫날부터 내가 무슨 말을 하는지 이해할 수가 없었고, 그러면서도 투자를 계속해 주었다. 참으로 고마웠다. 그리고 보기 좋게 성공하자 그들은 이렇게 감동하더라. 마윈과 쓸데없이 입씨름하지 않겠다. 그냥 알아서 하라고 했다."

완전히 그를 믿어 준 것이다. 1만 톤급의 대형 선박을 끌고 히말라야 산꼭대기로 올라가든, 산꼭대기에서 대형 선박을 바다로 끌어내리든 군소리를 하지 않겠다는 말이다.

마윈은 이때의 심정을 직원들에게 털어놓았다.

"스티브 잡스는 가난한 양부모 밑에서 자랐다. 그는 양부모가 평생 모아둔 돈으로 대학교 입학금을 대주어 입학했는데 반년 만에 스스로 퇴학 원서를 내고 남들이 대수롭지도 않게 여기는 캘리그래피 청강생으로 공부를 계속했다. 그리고 맥Mac을 만들어 글로벌 시장을 완전 정복했다.

신념이 자산이다. 그렇다. 스스로 옳다고 생각하는 일에는 의심을 갖지 말고 실천해 나가야 한다. 남들이 뭐라고 빈정거려도 신경을 쓸 필요가 없다.

우리가 생각하고 신경 써야 할 일은 남의 빈정거림에 대하는 일이 아니라, 이 세계를 어떻게 바라보고 우리의 꿈을 어떻게 펼쳐 나아가느냐 하는데 정성을 기울여야 하는 것이다. 이것은 우리가 피하지 않고 걸어가야 할 우리의 길이다. 남들이 뭐라고 말하건 상관하지 말고 우리의 일에 정성을 쏟으면 된다.

흔히 말하기를 기업을 일으키면 돈을 번다고 말한다. 그 말은 맞다. 그러나 시장의 장사꾼이 되지 말고 인류를 위해 봉사하는 기업가가 되라."

배우면서 노력하라

"마윈은 인터넷 전문가일 거야."

많은 사람이 그렇게 생각한다. 그러나 그는 완전 초짜이자 문외한이다.

"그렇다면 글로벌 시장을 다스리는 비결은 뭐지?"

그는 고백했다.

"나는 인터넷을 거의 모르는 컴맹이다. 이메일과 웹서핑은 겨우 배워 까막눈을 면했다. 그러나 사진을 올릴 줄도 모르고, 노트북으로 DVD도 볼 줄 모른다. 그야말로 완전 초보 일자무식쟁이다. 그런 내가 인터넷 사업을 한다는 게 이상하고 신기하다."

배우면서 노력하는 PC 컴맹 도사가 바로 마윈이다. 그런 마윈에게 IT 업계의 내로라하는 천재들이 모여 알리바바 제국을 건설

하고 마윈을 황제로 섬기고 있다. 그런 의미에서 마윈은 가히 행운아이며 경영의 천재라고 할 수 있다. 그는 자신 있게 말한다.

"문외한도 전문가들을 능히 리드하면서 사업을 펼칠 수 있다."

"어떻게 그런 일이 가능할까?"

"가장 우수한 인재를 영입하여 동료로 대접하는 것이 내가 해야 할 일이며 책임이다."

그는 문외한이라 해도 기업적 재능이 있다면 얼마든지 리더가 될 수 있다. 다만 리더라고 해서 권위를 세우려고 하거나 전문가들을 존중하지 않고 단순 기술자로 여기려는 태도는 아주 잘못된 것이라고 강조한다.

더구나 자신이 인터넷을 모르기 때문에 사업을 추진하고 진행하는 과정에서 동료 전문가들과 입씨름을 하는 일도 없고 이래라저래라 잔소리를 하는 일이 절대 없다. 그는 인터넷을 모르기 때문에 전문 기술자들이 새로운 소프트웨어를 개발해 내면 자신이 먼저 직접 사용해 본다. 그리고 마음에 들면 통과시킨다.

그런 이유는 대다수의 고객들도 자기처럼 문외한이라고 믿기 때문에 고객의 입장에서, 그리고 고객의 수준에서 먼저 테스트해 본다는 의미이다. 그만큼 일반 고객들이 사용하기 간편하고 쉬운 것을 개발하라는 주문이기도 하다.

이 세상의 그 어떤 것도 절대적
인 것은 하나도 없다고 그는 강조
한다. 자기는 알리바바의 대표이
지만, 회사에서는 대표라는 권위나
위상을 드러내지 않는다. 그의 경
영이념은 대표로서가 아니라 경영
을 책임진 사람이라고 말한다.

마윈은 상어와 악어 이야기를 자주 한다. 타오바오를 처음 만
들었을 때 이미 뿌리를 내린 듯이 시장을 거머쥔 강력한 상대 이
베이와 대결해야 하는 운명이었다. 그때 이베이는 바다에 사는 상
어이고 타오바오는 강에 사는 악어라고 비유했다.

"상어와 악어가 바다에서 싸우면 결과는 너무나 뻔하다. 악어
가 상어에게 물려 죽을 수밖에 없다. 때문에 우리는 바다에서 싸
우기를 포기했다. 그 대신 상어를 강으로 유인해 끌고 와서 싸우
기로 했다. 강에서 싸운다면 상황은 달라진다고 확신했다."

그런 전략을 구사하여 강력한 상대인 이베이를 제치고 시장을
차지한 것이다. 그는 상대가 약자라 해서 절대로 얕보지 말라고 강
조한다. 더구나 비슷한 상대를 만나면 더욱 주의해야 한다. 상대
를 얕보거나 무시하는 일은 자기 무덤을 스스로 파는 꼴이다. 실패

의 주요 원인은 상대방의 입장에서 현실을 보지 않기 때문이다.

경쟁 사회에서 살아남는 길은 상대와 맞붙어 싸우되 반드시 이겨야만 한다. 그러나 상대방도 나와 같거나 나보다 강하다는 생각을 늘 해야 한다. 그들도 우리만큼 똑똑하고 지능적이며 시장 경제에 밝고 강한 조직이라는 것을 늘 인정하고 맞서야 실수가 없다는 것이 마윈의 생각이다.

06

강인한 승부욕

대결에서는 반드시 이겨라

마윈은 승부욕이 무척 강한 사람이다. 힘으로 싸울 때는 백전백패하지만 정신적으로나 지혜로 겨룰 때는 백전백승을 자신하는 CEO이다. 그만큼 강인한 의지력을 가진 사람이다.

마윈의 말을 들어 보자.

"생각을 겨룰 때에는 반드시 이겨라. 생각은 태도를 결정하고 나아가 인생의 운명을 결정하는 열쇠이다. 생각이 올바르면 나머지 모든 것은 자연스럽게 이어진다."

사람들은 흔히 세상을 살아가는 데에는 환경이 중요하다고 생각하고 또 그렇게 여긴다. 물론 맞는 말이다. 그러나 인생을 좌우하는 것은 환경뿐만이 아니다. 생각은 사람의 머리와 정신, 그리고 행동을 움직이게 한다.

생각은 거기에 머물지 않고 개인의 시야를 결정하고 사업의 성공을 가름한다. 그런 현상은 순위를 결정하는 스포츠 게임이나, 목숨이 걸린 전쟁터에서 순발력을 발휘하는 것이 그 사례이다. 잠깐 잘못 생각하는 틈에 경기에서 지거나 전쟁터에서 목숨을 잃는 낭패를 당하기 때문이다. 마윈은 이런 말을 했다.

"내가 오늘 이 자리에 오르게 된 것은 결코 내가 잘나서 된 것이 아니다. 그 비결은 딱 한 가지, 제 또래들보다 좀 더 긍정적인 생각을 하고 즐겁게 활동한 것이다. 왼손으로 오른손을 감싸주고 내일이 오늘보다 좋을 것이라고 생각하고 그렇게 믿었다. 그것이 전부이다."

2002년 봄, IT 업계의 거품이 무너져 내릴 때의 일화이다.

쌓아올린 공든 탑이 와르르 무너지는 순간이었다. 그때 마윈은 직원들에게 이렇게 말했다.

"모두가 엉망이다. 이제 알리바바의 새로운 목표는 살아남기이다. 여기서 우왕좌왕하면 모든 것이 끝장이다. 흔들리지 말고 차분하게 일하자. 그러면 봄날이 다시 돌아올 것이다."

바로 그때 감사 편지 한 통이 마윈에게 배달되었다.

알리바바 마윈 회장님!

우리는 당신들 덕분에 수주할 수 있게 되었습니다.

신입사원도 뽑아 회사의 규모를 키울 수 있었습니다.

감사합니다.

편지를 본 마윈은 자신을 얻었다.

"그때 나는 이렇게 생각했다. 만약 오늘 내가 10곳을 도울 수 있다면 나중에는 100곳을 도울 수 있을 것이다. 그리고 미래에는 10만 기업이 우리를 기다리고 있는 시장이 반드시 있을 것이라고."

그의 예상은 그대로 적중했다. 2002년 연말, 한 해가 서서히 저물고 있었다. 알리바바는 기적처럼 살아남았다. 살아남은 데서 그친 것이 아니라 이익이 발생한 것이다.

세상을 살아가는 데에는 긍정적인 생각을 하는 사람에게 하늘이 복을 내린다고 한다. 비록 직장생활을 하는 젊은이라고 해도 자기 일처럼 긍정적인 생각으로 정성을 기울여 열심히 한다면 회사의 발전은 물론 자신의 발전도 함께 이룰 수 있다.

그런데 사정은 그렇지 못한 경우도 많다. 적당히 일하고 대충대충 마무리하는 경우가 그런 사례이다.

마윈은 긍정적이고도 창의적으로 일하는 사람이 미래를 보장받는다고 강조한다.

일례로 긍정적인 생각으로 모든 업무에 최선을 다하고 미래에 대처하는 준비를 한 사람에게는 어려움을 당한 경우에도 좋은 결실을 거둘 수 있다. 그러나 반대로 회사 직원 중 한 사람으로 주어진 일만 하고 월급을 받는다는 안일한 생각을 하는 사람, 또는 주어진 일에 불평불만을 터뜨리면서 투덜거리는 사람은 승진 대상이 아니라 그 자리도 유지하기 어렵다는 것이다.

세상을 살아가는 많은 사람은 모두 성공하기를 바란다. 그를 결정해 주는 열쇠는 바로 생각이라는 것이다. 눈에는 보이지 않지만 생각은 참으로 신비하고 놀라운 역할을 하고 있다.

성공과 실패를 가르는 결정적인 역할을 하는 것이 바로 생각 차이의 결과이다.

사람들은 흔히 중요한 시기에 생각을 어떻게 하느냐에 따라서 운명이 갈라진다고 말한다. 생각을 바꾸면 운명도 달라질 수 있다는 것이다.

세월은 초고속으로 바뀌고 세상 사물로 빠르게 변하는데 늘 같은 생각, 같은 태도, 같은 시각으로 세상을 대한다면 현실과는 점점 멀어지고 퇴보하는 인생이 되고 말 것이다.

사람마다 생각이 다르고 살아가는 방식도 제각각이다. 그러나 인생의 승패를 결정하는 요소는 분명하고도 엄격하다. 개인이 지니고 있는 생각과 능력, 집안 배경, 사회적인 인맥 등 여러 가지 요소가 작용된다. 하지만 개인의 생각은 이런 것들에 앞서 인생을 살아가는데 아주 중요한 역할을 하며 커다란 영향을 미친다.

　그래서 운명을 바꾸고 싶다면, 생각을 바꾸라고 권하는 것이다.

02 세상은 공평하지 않다

세상은 공평한 것이 아니라 불공평하다. 세상만사 가운데 모든 일이 일률적으로 똑같게 이루어지거나 진행되는 것이 하나도 없다. 마윈은 경고했다.

"세상이 불공평하다는 것을 먼저 인정하고 일을 시작하라. 그렇지 않으면 시행착오를 일으키기 쉽다. 나를 남과 비교하지 마라. 내 능력은 나 스스로 키우고 계발하도록 해야 한다. 자신의 운명을 운에 너무 의지하지 마라. 나는 결코 운이 좋다고 생각해본 일이 없다. 다만, 나는 다른 사람들보다 집념이 조금 강하고 추진력이 조금 강하다고 생각한다. 내가 성공한 것은 운이 좋았다기보다는 남보다 더 많이 땀 흘리면서 열심히 노력했기 때문이다."

그는 힘든 일을 할 때 자기의 끈기가 다른 사람보다 1분 또는 2

분 정도 더 견딜 수 있을 정도라고 말한다.

마윈은 어느 날 엉뚱한 질문을 받았다.

"당신은 시골에서 가난한 농부의 아들로 출생하였고, 빌 게이츠는 도시의 부유한 집안에 태어났다. 당신과 빌 게이츠의 가족들이 어떻게 같을 수 있나?"

그는 웃을 수밖에 없었다. 질문의 골자를 얼른 이해할 수가 없었기 때문이다. 조롱하는 것 같기도 하여 심사가 뒤틀렸다. 그렇다고 대답하지 않을 수도 없다.

"분명코 다르다. 그러나 한 가지 같은 점이 있다. 우리 가족들과 그의 가족들이 모두 공기를 마시면서 하루 24시간씩 살아간다는 점이다."

이런 경우를 가리켜 우문현답愚問賢答이라고 말한다. 그는 역시 재치 있는 사람이다. 그는 젊은이들에게 세상을 원망하지 말고 자신에게 주어진 일을 의연하게 능동적으로 하되, 꾀를 부리지 말고 최선을 다하라고 이른다.

사람은 자기에게 어떤 자질이 있고 어떤 장점이 있으며 또 원하는 것이 무엇인지 스스로 판단하라고 당부한다. 사람은 어떤 일을 창업하기 위해서 태어난 것도 아니고 또 반드시 일을 하도록 태어난 것도 아니다.

그러나 적어도 한 가지 일은 해야 하는 운명을 지니고 태어났다고 마윈은 강조한다.

그 일이 무엇인지는 아무도 모른다. 삶을 체험하고 좋은 일생을 살아가기 위해 이 세상에 온 것이다.

창업해 성공한 기업인들의 모임에서 있었던 일화이다. 어느 CEO가 말했다.

"이 회사는 모두가 연줄이다, 저 회사는 불공평하다고 말들을 한다. 그런 불평을 해서는 안 된다. 세상이 그토록 공평하지 못하다면 오늘 이 자리가 어떻게 이루어질 수 있단 말인가?"

불평을 하고 원망을 하는 것은 개인적인 자유라 할 수 있다. 그러나 공석에서는 그런 말을 서슴없이 해서는 곤란하다. 그런 말을 하는 사람 스스로가 덕망이 없는 사람으로 여겨지기 때문이다.

마윈은 인생살이에 대해 이렇게 말한다.

"세상은 원래 공평하지 않다. 100% 공평하게 만들어진 것은 하나도 없다. 공평하기를 바라면 바랄수록 공평하지 못한 불평불만도 쏟아진다. 더구나 이 세상 사람들 가운데 완벽한 사람은 단 한 사람도 없다. 하지만 사람들은 완벽하지 못한 것을 하나씩 채워가며 세상을 살아간다. 그것이 다 함께 감사하며 살아가는 아름다운 세상이다."

인간의 삶이 순탄하게 이어지는 것은 결코 아니다. 살아가는 과정에서 뜻하지 않은 고통과 불행이 다가오는 경우가 많다. 그런 고통을 탓하기 전에 슬기롭게 헤쳐 나아가는 것이 사람들의 지혜이다.

마윈이 사람들에게 강조하는 말 가운데 하나이다.

"세상이 공평하지 않다는 것을 모르는 사람은 아무도 없다. 그러나 그걸 바꿀 사람도 없다. 다만, 몇 가지 생각을 할 수는 있다. 불공평함을 바꿀 수는 없고, 또 불가능하다 해도 서로가 함께 살아가는 아름다운 세상을 만들려고 노력하는 사람이 많으면 많을수록 밝은 세상이 된다는 것만은 분명하다."

비관하지 말자

비관하는 사람은 패배 의식만 커진다. 삶의 의욕이 떨어지고 모든 일에 스스로 체념하면서 굴복하는 습성이 커진다.

그러나 낙관적인 사람은 자기 스스로를 다스리고 모든 일에 의욕이 넘치며 다른 사람들과 잘 어울리게 된다.

마윈은 2010년 12월, 베이징 대외 경제 무역대학교 도서관 세미나에 참석하였다. 이 자리에서 엉뚱한 질문을 받았다.

"남자의 자질 가운데 어떤 것이 가장 중요하다고 생각하는가?"

그는 속으로 참 별난 질문을 한다고 생각하면서 담담하게 대답하였다.

"세상을 향한 건강한 시선이다."

그의 말에 질문자가 이상하다는 표정을 지었다. 마윈은 대답의 내용이 좀 어렵게 여겨졌나 하는 생각이 들었다.

그의 낙관론은 여기저기서 그대로 드러난다. 알리바바가 가장 어려웠던 시기에도 그는 동료 직원들과 함께 낙관적인 자세를 잃지 않았다는 일화는 많은 사람에게 감동을 안겨 주었다.

그때 마윈은 이런 말을 했다.

"우리는 웹사이트 사업을 하면서 새로운 정보를 처리할 때마다 스스로에게 이렇게 다짐했다. '이것이 고객 한 사람을 살릴 수 있고 한 기업을 살릴 수도 있다. 타오바오에 주문하는 하나의 신청이 한 사람의 인생을 바꿔 놓을 수도 있다.'라고. 그래서 우리는 여러 난관을 극복하면서 자신감 넘치게 사업을 전개했다."

그는 위기를 돌파하는 기치가 있다는 평을 받는다. 2008년 경제 위기가 계속되는 가운데 뜻밖의 발언을 해서 화제가 된 일이 있다.

"바로 지금이 중소기업이 발전할 수 있는 가장 좋은 기회라고 생각한다."

다른 사람들은 경제 위기 상황이 심상치 않다고 걱정하는데, 이런 흐름과는 다른 의견을 밝힌 것이다.

그가 경영하는 알리바바는 중국의 중소기업들이 인터넷을 통해 가치를 창출하고 수익을 올릴 수 있다는 것을 제시하면서 그런 기회를 제공한 것이다.

이런 일은 중국에만 국한한 것이 아니라 미국에 있는 여러 중소기업에게도 똑같은 기회를 제공할 수 있다는 판단까지 했던 것이다. 마윈은 자신 있게 글로벌 전략을 밝혔다.

"알리바바의 전략과 제품을 신속하게 조정하고, 글로벌 시장의 확대를 위하여 3,000만 달러를 투자하겠다."

그의 야심적 발표에 미국이 환영하면서 여러 곳에서 관심을 끌었다. 그런 그의 판단은 적시 안타를 날렸다. 미국은 물론 유럽 지역까지 그가 제시한 기회를 이용하겠다고 나섰다.

"알리바바 미국지사 규모를 늘리겠다. 더 많은 자금을 투입하고 훌륭한 인재를 더 많이 채용하겠다. 그 일환은 이미 실리콘밸리에서 진행되고 있다. 다수의 엔지니어와 대학교 졸업 예정자들을 대상으로 면접을 끝냈음이 그 사례이다."

마윈의 이런 전략은 다분히 낙관적인 성격의 결과다. 모든 일을 긍정적이고도 낙관적으로 생각하고 처리하는 평소의 습성이 그대로 반영된 사례이다.

특히 중소기업에 대한 애정이 매우 크고 넓다.

"나는 중국의 중소기업에 대해 걱정하지 않는다. 그런 신념은 그들이 은행대출도 거의 없고 사채 빛 도 거의 없으며 사업 확장도 무리 없이 진행하면서 알차게 사업을 전개하기 때문에 오히려 감사를 드리고 싶다. 이들 중소기업들은 지난 20여 년의 세월 동안 오직 스스로의 능력과 강인한 의지, 그리고 끊임없는 노력으로 줄기차게 달려 여기까지 온 자랑스러운 기업들이다.

더욱 가상한 것은 스스로 인터넷 교육을 실시하고 이를 기업에 이용하는 지혜를 보였다는 점이다. 오늘날과 같이 어려운 시기에 인터넷을 학습하고 사업에 인용하여 글로벌 사회에 대처하려는 노력은 실로 대단한 일이다."

중소기업의 이러한 노력은 불평불만을 하지 않고 자신들의 실패를 입에 담지도 않고 자구적 대책을 넘어서 국가 경제 발전에 기여하는 디딤돌을 놓은 것으로 높이 평가된다.

이 세상에 어느 누구도 인생을 살아가는 동안 기쁘고 즐거운 일도 많지만, 고통과 절망도 가끔 느끼고, 불행과 슬픔도 피할 수 없다. 이를 사람들은 운명이라고 여긴다.

이런 일들을 피할 수 없고 어차피 받아들이고 감내하여야 한다면 비관보다는 낙관적으로 극복함이 슬기로운 삶이며, 그 어려움을 극복하는 가운데 삶의 기쁨을 찾아 누릴 수 있다. 그것이 진정한 행복이라고 마윈은 말한다.

낙관적인 사람은 모든 일을 긍정적으로 생각한다. 그래서 삶이 언제나 밝고 명랑하다.

04 강철 같은 신념

보통 사람들은 이 세상에서 가장 강한 물체는 강철이라고 여긴다. 그래서 사람을 격려할 때 "강철 같은 용기를 가져라." 또는 "강철 같은 굳은 신념을 지녀라."라는 말을 많이 한다.

진짜 용기는 강철 같은 믿음에서 나온다는 말이다.

세상에 성공한 사람들은 하나같이 강인한 정신, 강철보다 굳은 신념을 가지고 열심히 노력한 사람들이다. 기업인, 과학자, 스포츠 스타, 예술가를 가릴 것 없이 모두가 그렇다.

마윈은 신문·방송기자와 인터뷰를 가끔 한다. 그럴 때마다 당황스러운 질문을 받곤 한다.

"신념이라는 단어를 어떻게 생각하는가?"

"자기 스스로를 의심해 본 일이 있나?"

"골치 아픈 일이 생기거나 일을 하고 싶지 않은 때는 어떻게 보내는가?"

참으로 대답하기 곤란한 질문을 받을 때는 정말 난처하다. 대답을 성실하게 해야 하는데, 그럴 수 없는 경우가 종종 있다. 슈퍼 갑부가 되더니 거만해졌다는 소리를 하는 사람들도 많다.

마윈은 이런 말을 들을 때마다 눈을 감고 조용히 생각에 잠긴다. 그러면서 깨닫는 것은 "절대로 남을 비방하지 말자."라는 것이다. 남을 헐뜯고 비방하는 데는 그럴만한 원인과 이유가 있게 마련이다. 그런 이유를 일일이 알 필요도 없다. 그것은 어디까지나 일방적인 생각이니까.

"신념은 강철보다 강하다. 나는 나 자신을 자주 되돌아보면서 내가 하는 일이 과연 우리 중국인들에게 유익한 것인가 하는 고민에 빠지곤 한다. 그러나 나의 생각과 신념이 반드시 일치하는 것만은 아니지만, 결코 의심하지 않는다.

내가 지금 잘하고 있는가를 의심하기는 해도 내 신념과 목표를 의심하는 일은 절대로 없다. 그런 생각을 하면 사업에 차질이 생기고 가야 할 방향이 흐려진다. 알리바바를 설립한 이유는 세상 모든 중소기업들이 좀 더 쉽고도 편하게 사업 활동을 하도록 도와주자는 신념과 목표에서 출발한 것이다. 그런 나의 신념과 목표는 시대가 변한다고 따라가는 것이 아니라 더 강해질 뿐이다."

창업 준비생들에게 들려주는 당부의 말에도 신념과 목표를 분명하게 설정하라는 말을 빼놓지 않고 들려준다.

"창업은 불같은 열정 하나로만 실행할 수 있는 일이 아니다. 희망과 이상, 그리고 강한 신념과 철학, 투철한 사명감이 꼭 필요하다. 성공하려면 선택과 포기를 잘 선별해야 한다. 필요없는 일은 과감하게 버리되 꼭 필요한 것은 분명히 챙겨야 한다. 굳건한 신념은 어떤 일이 있어도 흔들려서는 안 된다."

그는 일을 시작하기 전에 수없이 거절당한 일이 있다.

군대 입대도 그렇고, 경찰관 모집에서도 딱지를 맞았다. 호텔 직원 채용에서도 거절당했고, 하버드대학교 유학 지원에서도 딱지를 맞았다. 사람은 칭찬과 격려를 받으면서 자라는 것만은 아니다. 대부분의 사람들은 크고 작은 거절의 딱지를 받으면서 그 굴욕을 극복하고 성장한다. 이를 동력으로 삼으면 참으로 놀라운 힘을 얻게 된다.

남으로부터 거절을 당해본 사람만이 그 쓰라림을 느낀다. 거절당하면 자존심에 큰 상처를 입고 분개하는 것이 보통이다. 그러나 굴욕은 그 순간이 지나면 곧 잊혀진다.

거절을 당하고 딱지를 맞는 경우를 바꿔 생각해 보면 상대가 요구하거나 제시하는 일정 기준에 내가 모자라기 때문인데, 그건 생각하지 않고 상대에게 마음속으로 욕을 해대는 경향이 많다. '나쁜 놈, 내가 어때서?'라고 말이다.

마윈은 자기 자신의 결함을 잘 안다. 그래도 거절당한 뒤의 입맛은 매우 씁쓸했다. 그는 거절과 딱지를 30번도 넘게 당한 뒤 스스로를 위안했다.

"거절이나 딱지로 굴욕감이라는 경험을 했다. 그걸 비관만 할 것이 아니라 새로운 활력의 동력으로 삼자."

그렇게 다짐한 그가 사업에 손을 댔고 강철 같은 신념으로 성공 신화를 쓰면서 글로벌 인터넷 시장을 다스리는 황제로 등극한 것이다.

마윈은 "어리석은 새가 더 멀리 날아간다."라는 속담을 즐겨 인용한다. 시장 조사나 관련 정보를 수집하는 일에는 남보다 앞서 나가지만, 회사 안의 일을 기획하고 실행하는 일에는 결코 서두르지 않는다. 그런 특성은 이미 회사 곳곳에서 읽을 수 있다.

나의 시대를 준비하라

나이가 비슷한 청소년들은 같은 음식을 먹고 같은 교복을 입고 함께 공부하고 운동하고 뛰어놀면서 같은 시대를 살아가지만, 어른이 되어 사회인이 된 뒤에는 천양지차로 달라진다. 그런 까닭은 청소년 시절에 비슷했던 수준이나 생각들이 전혀 다른 딴판으로 변하기 때문이다. 거기에는 상당한 이유, 아니 핑계가 있다. 가난한 집에서 태어났다거나, 태어날 때부터 못생긴 얼굴이었다거나, 죽으라고 끙끙거리며 학원에 다니고 과외를 받기도 했지만 수능 보는 날 스트레스가 터지는 바람에 망쳐서 좋은 대학에 가지 못했다는 등 여러 탈이 따라붙는다.

모두가 자기 자신 보다는 남을 탓하는 것이다. 남을 탓하고 원망하는 일이 잦아지면 습관이 되어 자신의 운명을 억누르는 암적 존재로 죽을 때까지 그 버릇이 이어진다.

마윈은 "보통 사람들이 누구나 다 그런 생각을 한다. 그러나 그런 생각은 습관이라는 괴물로 변하면서 평생을 따라다닌다."라고 경고했다.

그는 2010년《이코노미스트》가 선정한 '가장 영향력 있는 리더상'을 받는 자리에서 이렇게 답사를 했다.

"나는 사업을 하기 전 20대 혈기왕성한 청년 시절에 아르바이트 자리를 구하려고 무척 뛰어다녔지만 떨어졌다. 아마도 볼품없는 못생긴 얼굴, 작달만한 키가 낙제 점수로 작용한 것 같았다. 그때는 무척 실망했고 원망도 컸다.

그러나 이미 결정난 일인데 원망한들 무슨 소용이 있나 하는 생각이 들었다. 그때 내가 깨달은 것은 아직 나의 시대는 오지 않았다고 하는 탄식과 함께, 30대가 지나고 40대가 되면 나의 시대가 올 것이다. 그때를 위해 지금부터라도 열심히 뛰자, 그래서 나의 시대를 맞이할 준비를 하자고 다짐했다. 남을 원망하고 사회를 탓하기보다는 나에게 새로운 에너지를 충전시켜서 나의 미래를 열어가자고 스스로 맹세하였다."

그의 솔직한 말에 모두가 뜨거운 박수를 보냈다. 그의 말이 모두의 가슴을 울려준 것이다. 자기의 운명을 스스로 다스리고 조종

하는 힘을 길러 나아갔다. 그렇게 하여 마침내 그의 시대를 준비하고 그의 황금시대를 맞이하였다. 40대 중반이 되었을 때 마윈은 어느 날 청소년 학생으로부터 이런 질문을 받았다.

"1990년 이후에 출생한 나는 나중에 무엇을 해야 할지 모르겠어요. 좋은 길을 가르쳐 주세요."

마윈은 웃으면서 대답하였다.

"그게 정상이다. 나도 너와 같은 나이 때는 그랬으니까. 나는 어른이 된 뒤에도 내가 무얼 해야 하는지 몰랐다. 알리바바를 시작했을 때만 해도 아주 초보적인 꿈에 불과했다. 하지만 나이가 들고 사업도 이만큼 커지면서 내가 사회와 국가를 위해 해야 할 일이 어떤 것이라는 윤곽이 드러나고 확실하게 굳어지고 있다."

사실 청소년들 10명 가운데 9명은 자기의 현재를 만족하게 여기지 못하고 또한 앞날을 걱정하고 있다. 그들은 지금 우선 원하는 대학에 들어가야 하고 좋은 직장에 들어가야 하는 꿈에 젖어 있지만, 어느 것 하나도 마음대로 이루어 낼 수 있는 것이 없다는 불안감에 빠져 있다. 자기들의 꿈을 어떻게 가꾸어 나아가고 어떻게 실현할 것인지 모른 채 방황하고 있는 것이다.

마윈은 청소년들에게 당부하였다.

"욕심이 쌓이면 어디로 가야 할지 방향을 잃는다. 성공했다고 행복해지는 것이 아니며, 행복은 결코 사치가 아니다. 행복은 마음속에 있는 상상의 꿈일 뿐이다. 청소년기에는 너나 할 것 없이 꿈이 크고 포부가 넓다. 너무 많은 생각, 너무 큰 꿈을 품지 마라. 나는 누구이고 무엇을 해야 할 것인가를 진지하게 생각하고 미래를 준비하는 사람이 자기의 시대를 열어갈 것이다."

마윈의 생각은 무척 현실적이다. 보통 사람들은 자기의 꿈을 이루는 사람을 성공한 사람, 행복한 사람이라고 평가한다. 후회 없는 삶을 살기 위해서는 성공해야 한다. 그러나 성공의 길이란 무척 험난하고 힘든 고난의 길이다. 그 길을 헤쳐 나아가야 이룰 수 있다. 인생의 길은 멀고도 험하다. 그 길을 걸어가려면 마음의 준비를 철저히 해야 하지만, 사람의 몸은 일정한 한계가 있다. 그래서 몸의 짐도 가볍게 해야 한다. 무거운 짐을 잔뜩 짊어지고 가면 그만큼 힘이 든다. 알리바바 직원들에게 입버릇처럼 늘 하는 말이 있다.

"월급이 짜다고 불평하지 말고 열심히 일하라. 사장을 인정머리도 없는 지독한 카리스마라고 여기지 마라. 남을 탓하고 흉보면서 살 만큼 삶의 길이 길지 않다. 리더를 위해 일한다는 생각을 버리고 나를 위해, 가족을 위해 일한다는 생각으로 열정을 쏟아라. 그러면 그 대가를 받게 된다."

06 절망은 없다

많은 사람이 오늘보다는 내일이 더 기쁘고 즐거울 것이라고 여기며 생활한다. 오늘은 그만큼 답답하고 짜증 나고 힘 드는 일이 많은지 모른다. 그것은 바로 눈앞에서 벌어지고 있는 현실이기 때문이다.

중국 사람들은 아침과 점심때를 이용해 길거리나 공원을 가릴 것 없이 여기저기서 전통 무술인 태극권을 즐긴다.

마윈도 태극권을 무척 즐기는 사람 중의 한 명이다. 태극권을 즐기는 사이에 "절망은 없다."라는 것을 깨달았다.

"절망은 없다는 것은 참으로 진실이다. 상황에 따라 절망을 느끼는 사람이 있을 뿐이다. 마찬가지로 언제나 행복한 사람도 없다. 어려운 순간, 고통의 시간은 누구에게나 가끔 있다. 그걸 헤쳐 나아가는 지혜가 다를 뿐이다."

흔히 사람들은 "열심히 했는데도 실패했다."라고 말한다. 운이 따르지 않았다는 푸념이다. 그러나 마윈의 생각을 다르다. 그의 말을 들어보자.

"실패한 것이 아니라 아직 성공하지 못한 것이다. 어려움이 닥쳤을 때마다 슬기롭게 극복하면서 잘 건너내면 더 강해진다. 기대가 큰 사람은 실망도 클 수 있다. 하지만 오늘보다는 내일이 즐겁고 더 좋을 것이라는 기대를 모두가 하고 있다. 매우 긍정적인 기대를 하는 것이다.

그러나 오늘보다 내일이 더 나쁠 것이라고 생각하는 사람은 별로 없다. 그건 부정적인 생각이니까. 부정적인 생각보다는 긍정적인 생각을 하면서 살아가는 사람들에게는 밝은 내일, 즐거운 미래가 열린다."

대부분의 사람들은 한 번의 실패도 무척 속상하게 여기며 쉽게 포기하는 경우가 많다. 그런 사람에게는 좋은 기회가 다가와도 부정적으로 보는 경향이 생긴다. 그건 포기하는 것과 다름이 없다. 이보다 더 중요한 것은 실패의 부정적 생각에서 벗어나고 포기하지 않는다면 언제나 기회는 온다.

마윈은 창업 초기의 심정을 털어놓았다.

"나는 큰 꿈을 가지고 처음 창업했을 때 수익이 생기지 않고 계속 적자에 허덕이면서 엄청난 시련을 겪었다. 나는 모든 것을 포기하고 싶은 충동을 느꼈지만, 보따리 장사를 하면서 끝까지 포기하지 않았다. 그리고 일어섰다."

그의 말은 감동 스토리로 많은 사람에게 메아리로 전달되었다. 어려운 역경을 극복하고 오뚝이처럼 일어선 사람들의 성공 스토리도 많다. 이런 사람들은 하나같이 자신에게 다가온 역경에 무릎을 꿇지 않고 이겨내면서 성공을 거둔 것이기에 많은 사람에게 감동을 주고 있다.

"포기하지 않는다면 언젠가는 기회가 온다."라는 그의 말에는 힘이 넘쳐 있다.

실패를 했다면 다시 일어서야 한다. 성공한 사람과 실패한 사람의 차이점은 집념과 포기라는 단어에 있다. 집념이 강한 사람은 실패를 동력으로 삼고 일어나 성공하지만, 실패한 사람은 포기라는 올가미에 얽매어 다시 일어나지 못한 것이다.

마윈은 미국의 자동차 왕 헨리 포드를 존경한다. "문제를 지적하지만 말고, 왜 그런가? 하고 개선하려는 방안을 함께 찾아라."라는 포드의 말을 금과옥조처럼 여긴다. 사업 현장에서는 이보다 더 절실한 경구가 없다고 생각한 때문이다.

잘못된 문제점을 찾아내어 고치는 일은 매우 중요하다. 그러나 잘못만을 지적하고도 고치려 하지 않고 나 몰라라 하는 자세는 회사의 발전을 가로막는 일이라고 마윈은 말했다.

요즘 젊은이들, 특히 청소년 학생들 사이에서는 '이것은 물론 잘못되었지만, 저것도 잘못되었다.'라고 무조건 부정하는 경향이 있다. 잘잘못에 대한 옳고 그름이 정확해야 한다. 무조건 부정하는 생각은 잘못된 것이라고 그는 지적했다. 이것도 좋고 저것도 좋다는 생각을 하는 사람은 마음씨가 좋은 사람처럼 보이지만, 판단력이 흐리고 결단력이 부족해 발전이 없다.

창의력을 길러라

"남을 따라가려고 모방하거나, 복제를 하지 말고, 독창적인 창의력을 길러라."

마윈이 강조하는 말이다.

남의 성공을 배울 수는 있다. 그러나 복제하거나 모방한다고 따라갈 수는 없다. 조직과 구조가 서로 다르기 때문이다. 세상에는 수많은 사람이 있고, 또 동물도 있으며 식물들도 있다. 그런데 어느 것 하나도 똑같은 것은 없다.

대체로 중소기업, 특히 규모가 작은 업체일수록 잘 나가는 대기업의 사업 모델을 닮아 가려고 하는 경향이 짙다. 이런 현상은 어느 한 분야에 국한된 일이 아니다. 특히 의류 산업 분야에서 더욱 심하다. 새로운 옷이 나와 인기를 끌면 금세 복제품이 쏟아져 나온다.

그런 경우를 코끼리, 낙타, 토끼 같은 동물에 비유한다. 거대한 몸집의 코끼리나 사막의 키다리 신사 낙타는 3일을 굶어도 별 지장 없이 지낼 수 있다. 작고 영특한 토끼는 계속 먹어댄다. 잠시도 한눈을 팔 수도 없다. 그랬다가는 늑대나 사자의 밥이 되고 만다.

새로 창업해서 걸음마를 막 시작한 작은 업체는 토끼와 다름없다. 늘 부지런히 뛰면서 먹이를 찾아다녀야 한다. 3일을 굶어도 견뎌내는 코끼리나 늑대와는 근본적으로 다르다.

마윈은 타오바오를 처음 시작했을 때에 알리바바가 했던 것처럼 무료 서비스 전략을 그대로 썼다.

"수수료의 체계를 보다 더 구체적이고도 혁신적인 새로운 시스템으로 만들어야 한다는 것을 느꼈다. 그러나 모방을 한다면 남을 따라가기도 어렵고 또 뛰어넘을 수도 없다고 생각했다. 그래서 알리바바 시스템을 그대로 적용한 것이다."

세계적인 기업인 구글이나 야후가 빠른 속도로 성공할 수 있었던 이유는 혁신적 방법을 구사하였기 때문이라고 그는 강조했다.

개인은 물론 기업도 하나같이 성공을 꿈꾸며 사업을 한다. 모두가 나름대로 성공의 방정식을 만들어 놓고 그에 따라 생산 활동을 전개하고 마케팅을 펼친다. 그래서 복제할 수도 없고 모방은 더욱 어렵다. 겉모양은 거의 똑같게 만들 수 있어도 그 속까지 똑같게 만들 수 없기 때문이다. 그래서는 결코 살아남지 못한다.

"모방으로는 성공할 수 없다."

왕희지는 4세기 때 명필로 이름을 떨쳤던 중국 제일의 서예가였다. 지금도 그의 필체는 살아 숨 쉬는 것으로 존경을 받는다. 그런데 천재 신동이 나타나 그의 필체를 그대로 익혔다.

그 소년의 솜씨가 너무나 대단하여 왕희지의 수준을 넘나든다는 평가를 받았다. 그러나 소년은 시간이 흐르면서 자기의 개성과 창조성을 잃어버린 채 왕희지의 필법을 모방하는데 그쳤다.

"어느 것이 왕희지 작품인가?"

왕희지의 작품과 소년의 필체를 구별해 내기가 무척 어려웠다.

그러나 소년의 서예 필체는 왕희지의 필법을 그대로 모방하고 답습하여 진위를 가려낼 수 없다고 해도 예술성이 없는 모방 작품에 불과해 인정을 받지 못했다. 이런 경우는 여러 분야에서도 비슷하게 나타난다.

모든 CEO들은 "기업, 특히 중소업체의 성공 비결은 복제나 모방이 아니라 창조와 혁신"이라고 강조한다. 마윈은 말했다.

"다른 사람의 성공 경험을 배울 수는 있다. 그러나 모든 성공의 방법까지를 복사할 수는 없다. 또 모든 기업이 가지고 있는 조직의 인맥을 모방할 수도 없다. 하지만 부자가 되려는 강력한 능력과 지혜는 모두 가지고 있다."

성공한 사람들은 제각기 독특한 특성을 지니고 있기 때문이다. 그래서 그 형식은 모방할 수 있어도 그 특성까지 모방한다는 것을 불가능하다.

마윈은 세 차례 창업을 했다. 그때마다 큰돈이 있었던 것은 아니다. 첫 번째 창업은 1992년 하이보 번역 회사였다. 그때 대학 강사로 받는 월급이 100위안도 안 되었다. 몇 사람의 동업자를 모아 항저우에서는 최초의 전문 번역 회사를 만들어 사업을 시작했다. 사무실 월세는 700위안인데 월수입은 200위안도 채 안 되었으니 얼마나 힘들었는지 짐작하고도 남을 일이다. 결국 마대 자루를 둘러 매고 보따리 장사를 3년 하면서 항저우 최대의 번역 회사로 키웠다.

두 번째 창업은 1995년 시애틀에서 인터넷 사업을 하는 친구를 찾아갔다가 인터넷이라는 신기한 세상에 반해 여기저기서 돈을 빌려 인터넷 사업을 전개하였다. 불굴의 의지와 피나는 노력으로 매출 제로에서 수백만 위안을 벌어들이는 회사로 키워냈다.

세 번째 창업은 1999년 황금 보물단지 알리바바 전자상거래 회사를 차렸다. 자본금은 50만 위안이었다. 이 돈으로 전자상거래 회사를 차린다는 것은 황하에 돌 던지기처럼 무모하고 불가능한 일이라고 모두가 비웃었다.

그러나 마윈은 "우리 회사를 세계 최대 전자상거래 기업으로 키우겠다."라고 선언했다. 그리고 15년 만에 그 꿈을 실현하는 기적을 일궈냈다.

탁월한 기업적 머리를 가진 사람, 학문에 조예가 깊은 사람이 있는가 하면 정치 감각이 뛰어난 사람도 있다. 누구나 각자 성공의 길은 따로 있다. 정치·경제·문화·예술·스포츠 등 모든 분야에서 성공하는 사람들은 계속해서 나온다.

그래서 세상은 쉬지 않고 줄기차게 늘 변화하면서 새로운 물결로 넘쳐 흐르는 것이다.

Jack Ma

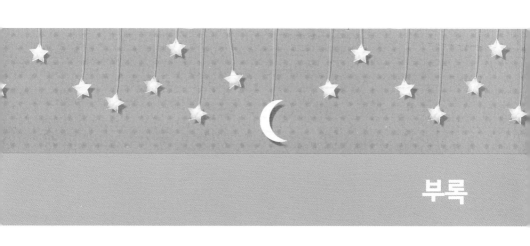

부록

마윈의 어록

* 세상에 공짜는 없다.
* 탐욕을 부리지 마라. 욕심을 부린 대가는 반드시 치르게 된다.
* 성공은 당신이 노력한 결과의 대가이다.
* 기대가 클수록 실망도 크다.
* 기회는 늘 열려 있다. 실패해 본 사람은 기회를 놓치지 않는다.
* 억울한 일을 많이 겪을수록 그릇이 커지고 포부도 자란다.
* 때로는 어설프게 똑똑한 것보다 덜 똑똑하더라도 우직한 것이 낫다.
* 외로움을 견뎌낼 줄 아는 사람만이 인재로 성장할 수 있다.
* 유혹 앞에서 단호히 '아니다'라고 말할 수 있어야 한다.
* 100번 넘어져도 일어날 준비가 되어 있지 않다면 창업하지 마라.
* 두려움에 사로잡히거나 절망감에 빠지지 마라.
* 오늘은 힘들고 내일은 더 힘들 수도 있지만, 모레는 좋을 것이라는 희망을 가져라. 많은 사람이 내일 저녁에 죽어버리는 바람에 모레의 빛나는 태양을 보지 못한다.
* 자기 자신을 자주 의심하되 신념은 의심하지 마라. 신념과 자기 자신이 언제나 같은 것은 아니다.
* 다른 사람의 성공 경험을 배울 수는 있지만, 그의 성공을 복제할 수는 없다.

Jack Ma

* 90%의 사람들이 좋다고 하는 방안은 쓰레기통에 버려라.
* 상어와 악어가 바다에서 싸우면 상어가 이기지만 강에서 싸운다면 상황은 달라진다.
* 창업할 때 드림팀을 찾아서는 안 된다. 이미 성공한 사람들과는 창업하지 마라.
* 자신이 하는 일을 사랑하는 것이 무엇보다 중요하다.
* 많은 사람이 실패하는 이유는 돈이 없어서가 아니라, 돈이 많아서이다.
* 오바마는 단 한 명인데 너무 많은 사람이 오바마가 되려고 한다. 스스로 노력하라.
* 꿈은 변하지만 없어서는 안 된다. 꿈은 계속해서 변하지만 이상은 일관되어야 한다.
* 가장 뛰어난 모델은 종종 가장 단순한 것에 있다.
* 기억하라. 관계란 의존할 것이 못 된다. 사업은 관계나 영특함만으로 되는 것이 아니다.
* 세상에는 뛰어난 이념이란 없다. 성실한 결과만 있을 뿐이다.
* 많은 책을 읽었다고 자랑하지 마라. 그러면 끊임없이 시험대에 오르게 된다.

Jack Ma

* 작은 회사일수록 큰 뜻을 품고, 큰 회사일수록 디테일한 것을 말해야
  한다.
* 주변 사람이 자신보다 총명하다는 것을 영원히 기억하라.
* 순탄할 때는 모두 다 앞다투어 나오지만, 역경에 처할 때 진짜 지도력
  이 나온다.

마윈의 연혁

* 2000년 10월 세계경제포럼wef 선정 세계 100대 미래의 리더

* 2001년 미국 아시아 무역 진흥협회aatpa 선정 비즈니스 리더

* 2002년 5월 일본 최대 경제 잡지《니케이nikkei》표지 모델

* 2004년 12월 중국 올해의 10대 경제인상 수상

* 2005년 1분기 아시아 최대의 개인 경매 사이트가 됨

* 2005년 중국인 최초로 미국 경제 잡지《포브스》의 표지 모델

* 2008년 3월 미국 투자 주간지《바론즈Barron's》선정 세계 30대 우수
  경영인

* 2008년 7월 외국인 최초로 일본 제10회 기업가 대상 수상

* 2008년 9월 미국《비즈니스위크》선정 온라인 업계에서 가장 영향
  력 있는 인물 25인

* 2008년 10월 주식회사 알리바바닷컴과 항저우 사범대학이 공동으
  로 알리바바 경영대학원을 설립, 이사장으로 취임 등록

* 2009년 45세 나이로 80억 위안 자산 보유, 세계 부호 순위 77위에
  오름

* 2009년 11월《타임》선정 가장 영향력 있는 인물 100인

Jack Ma

* 2009년 11월《비즈니스위크》선정 중국에서 가장 영향력 있는 인물 40인

* 2009년 12월 CCTV 선정 올해의 경제인, 10년을 이끌어갈 10인의 리더

* 2010년 9월《포천》선정 올해의 세계 IT 업계에서 가장 뛰어난 인물 50인

* 2012년《포천》선정 중국에서 가장 영향력 있는 비즈니스 리더 50인 중 8위

* 2012년 중국 경제 10대 뉴스 중 민간경제 부문 인물

* 2013년 중국 200억 위안 신흥 갑부 리스트 17위

* 2014년 미국 블룸버그 통신 '억만장자 지수'발표에서 중국 최대 부호
  등극

| 알리바바 그룹의 CEO 마윈

세계 최대의 인터넷 기업 알리바바의 창업자

마윈 리더십

초판 1쇄 인쇄	2015년 1월 7일
초판 1쇄 발행	2015년 1월 12일

지은이 | 유한준
펴낸이 | 박정태
편집이사 | 이명수　　감수교정 | 정하경
책임편집 | 조유민　　편집부 | 전수봉, 위가연
마케팅 | 조화묵, 최석주　　온라인마케팅 | 박용대, 김찬영
경영지원 | 최윤숙

펴낸곳	Book Star
출판등록	2006. 9. 8. 제 313-2006-000198 호
주소	파주시 파주출판문화도시 광인사길 161
	광문각 B/D 4F
전화	031)955-8787
팩스	031)955-3730
E-mail	Kwangmk7@hanmail.net
홈페이지	www.kwangmoonkag.co.kr
ISBN	ⓒ유한준
	978-89-97383-46-7　44040
	978-89-966204-7-1　(세트)
가격	12,000원